Il mio primo sito web

per umanisti

Lulu Enterprises, Inc.
860 Aviation Parkway, Suite 300
Morrisville, NC 27560

Copyright © 2007 Enrico Panai
ISBN- 978-1-84753-341-8

Nomi e marchi citati sono generalmente depositati o
registrati dalle rispettive case produttrici

Progetto grafico: Gianpiero Nughedu
Revisione: A.M. Varone, L. Audino
Realizzazione editoriale: Sardus projects s.r.l.
Stampa: Lulu Enterprises, Inc.

Printed in Spain
Edizione marzo 2007

A Yann
e ai suoi primi passi

Un diamante è per sempre, un sito web no.

Introduzione

Perché creare un sito in HTML?

Esistono ormai molti strumenti che ci permettono di costruire delle pagine per il web, ma imparare un linguaggio di compilazione semplice come l'HTML permette di formalizzare il proprio metodo di scrittura.

L'HTML risulta quindi essere il primo passo verso linguaggi semantici (SGML XML) e formali (di *scripting*). Iniziare a scrivere in forma più rigida potrà fornire le basi per una evoluzione futura.

Si ritiene in genere che queste materie possano interessare principalmente chi affronta studi scientifici o tecnologici. Ritengo invece che facciano parte di alcune conoscenze fondamentali anche per gli umanisti.

Per esempio il linguaggio semantico XML è ormai comune per sviluppare studi linguistici o semantici più avanzati. Ma passare direttamente alla rigidità dell'XML può essere controproducente. Iniziare invece con un linguaggio di marcatura più *leggero* e dove gli effetti sono immediati, potrà fare apprezzare la programmazione senza scoraggiare troppo.

Questo libro intende introdurre all'HTML, quindi prende in considerazione la versione 4.0. Considero troppo rigida per iniziare l'XHTML.

Se si vuole conoscere e approfondire HTML, CSS, XML e XHTML, si può visitare il sito del World Wide Web Consortium:

http://www.w3c.org

A chi è rivolto

Questo libro è rivolto a quattro gruppi:

- persone che non hanno competenze nella programmazione come strumento introduttivo e non traumatico ai linguaggi di marcatura

- persone che sanno programmare, ma che non conoscano l'HTML e il CSS e che vogliano avere una veloce introduzione agli argomenti

- scuole che hanno come obiettivo insegnare a creare le proprie pagine web

- corsi universitari nei settori umanistici, dove possa essere lo strumento di introduzione ai linguaggi semantici

- aziende che vogliano fornire ai propri dipendenti l'ABC del web.

Convenzioni utilizzate

In questo libro vengono utilizzate delle convenzione tipografiche per il codice:

- il codice HTML e CSS è scritto in `carattere spaziatura fissa` quando deve essere utilizzato

- il codice HTML e CSS è scritto in **grassetto** all'interno del testo esplicativo

All'interno del testo ci sono delle sezioni informative evidenziate da icone:

 Per informazioni generali (storiche o di approfondimento) e curiosità

 Per informazioni specifiche sul testo o riguardanti l'argomento

 Per avvertenze importanti, spesso utili per aggirare i problemi

Conoscenze di base

ABC

Per iniziare a creare pagine web devi:

- saper usare un editor di testi (come Blocco Note);
- saper salvare un documento
- sapere cosa sono le estensioni dei file
- è consigliabile saper usare un editor di testi come MS Word per capire i concetti di formattazione del contenuto

Ore di volo

È utile aver navigato un po' sul web, per capire *come* sono strutturati i siti. Non si può pretendere di costruire una barca a vela senza sapere come funziona un barca a vela. Il consiglio principale è quello di navigare il più possibile sul web. Ormai la rete ha il suo proprio linguaggio, quindi essere originali nella costruzione di un sito può voler dire confondere il visitatore. Il web ha ormai le proprie metafore comunicative. Una casetta rappresenta la home page. Se nel tuo sito metti un collegamento alla pagina principale non cercare alternative complesse: usa una casetta e chiamala home page. Quando sarai molto bravo potrai provare a trovare soluzioni alternative. Ora mettiti un obiettivo semplice e raggiungibile: copia i siti migliori.

Un diamante è per sempre, un sito internet no.
Quando inizi a creare siti, non aver paura di iniziare da capo, il lavoro per la creazione di un sito è continuo. A volte è più semplice ricostruire un sito che correggerlo. Inoltre con l'avanzamento della tecnologia è importante capire che lavorare sul web vuol dire non finire mai, ma aggiornare continuamente.

Message in a bottle

Creare un sito web senza avere un indirizzo email, è come tuffarsi senza saper nuotare. L'indirizzo email è fondamentale per chiunque abbia un sito. Se ci si vuole aprire al mondo, attraverso il web, si deve avere un indirizzo al quale gli altri possano contattarci. Esistono numerosissimi servizi email gratuiti come:

http://mail.yahoo.it
http://gmail.google.com
http://mail.virgilio.it
http://mail.tiscali.it

Non perdere le chiavi

Attenzione alla password! Quando si inizia a lavorare con Internet diventa fondamentale utilizzare uno *username* (detto anche *identificativo* o *nickname*) e una *password*. La combinazione di username e password permettono di utilizzare molti dei servizi messi a disposizione in rete, sia gratuiti che a pagamento. Ti servirà quindi per l'email e per partecipare ai forum, per le chat e per i giochi online. Insomma oggi è fondamentale sapere gestire e conservare questi due dati. Comunemente l'identificativo è un nomignolo, scritto in minuscolo e senza spazi o caratteri speciali.

Per esempio lo username di Daniele Rossi può essere *danielerossi*, oppure *darossi*, *daniros*, *danielerossi73*, o altro. Potrebbe anche essere completamente inventato come *sole* o *luna*. Ti consiglio però di sceglierne uno che ti identifichi e sia abbastanza raro (cioè né *sole* né *luna*). Se riuscirai a trovare uno *username* originale ci sarà una più alta probabilità di utilizzarlo in vari siti. Non cadere però nella trappola opposta. Non scegliere uno username molto complesso, tipo *asklueydxt5725*. Di solito lo username dei sistemi di posta elettronica equivale alla parte della email prima di @, quindi sarebbe meglio trovarne uno che sia facilmente memorizzabile e trasmettibile.

@

Questo simbolo indica un indirizzo di posta elettronica (e-mail, electronic mail), utilizzato per la prima volta. L'email nasce nel 1972, quando Ray Ray Tomlinson installò sulla rete Arpanet (l'embrione di internet) un sistema per scambiare messaggi. Per poter inviare il messaggio, egli utilizzò il simbolo @ per separare l'utente dal computer, così nacquero gli indirizzi email. Il primo messaggio da lui inviato, e la prima mail inviata quindi nella storia, fu qualcosa simile a "QWERTYUIOP"[1]. Il primo messaggio fu spedito fra due computer che erano letteralmente uno affianco all'altro, ma collegati solamente attraverso la rete Arpanet. Tomlinson scelse il simbolo @ perché aveva senso. @ significa presso, quindi aveva senso spedire ad un *utente-presso-una rete*.
Il simbolo @ si legge *chiocciola* o *at*.

Ricapitolando quando scegli uno **username** fai in modo che:

1. sia **originale**
2. sia scritto in **lettere minuscole o numeri**, ma senza spazi o altri simboli
3. sia **memorizzabile**
4. sia **trasferibile** e comprensibile ad altri

---

[1] Un errore che generalmente viene fatto è dire che la prima email fu QWERTYUIOP, in realtà è lo stesso Tomlinson ad affermare di aver scritto qualcosa senza senso solamente per testare il sistema.

Quante volte ti è capitato di nascondere talmente bene una cosa da non ritrovarla? Con le password avviene spesso. La password è quella che si perde più facilmente, perché nella maggior parte dei casi la si sceglie con un ragionamento troppo complesso. Esistono delle semplici regole per scegliere la propria **password**.

Una volta scelta una password, conservala e riutilizza sempre la stessa.

La password:

1. deve essere scritta in **lettere o numeri**, ma senza spazi o altri simboli
2. **non deve** essere la mia data di compleanno, il mio nome o cognome (o quello di parenti), il nome del mio gatto o cane, ecc[2].
3. deve contenere almeno 6-8 caratteri (**8 caratteri** sono quelli consigliati),
4. per motivi di sicurezza dovrebbe essere composta da alcuni caratteri minuscoli, alcuni caratteri maiuscoli e numeri
5. deve essere trascritta in un posto sicuro (su carta, non su file o cellulari)

Esempio livelli di sicurezza password per l'utente *danielerossi* nato il 01-02-1970:

Password	Sicurezza	Note
casa	Troppo corta	Almeno 6 caratteri
danielerossi	Scarsa	Corrisponde all'utente
daniele70	Scarsa	Ricavabile dai dati personali
evviva	Buona	Non collegabile all'utente
evviva56	Efficace	Utilizza caratteri minuscoli e numeri
eVViVa56	Molto Efficace	Utilizza caratteri maiuscoli e minuscoli e numeri

Suggerimenti per tenere al sicuro la password:
- Non comunicare a nessuno la tua password (inclusi partner, compagni di appartamento, pappagalli, ecc.).
- Non inviate mai la vostra password per email.
- Verifica periodicamente la tua password corrente e cambiala con una nuova.

---

[2] Utilizzare riferimenti riconducibili per logica o conoscenza ad una persona permette di scoprire più facilmente la sua password. Questo sistema sta alla base del **Social engineering** (o Social hacking, anche se ormai esistono due accezioni diverse di Social hacking).

Non sempre è possibile rispettare queste regole. Alcuni siti non ti permettono di scegliere username e password, come memorizzarle tutte? Non farlo. Strappa la pagina seguente e, ogni volta che fai la registrazione ad un sito, scrivi *nome del sito o del servizio*, *username*, *password*.

Sito / servizio	Username	Password

I Parte:
LA MIA PRIMA PAGINA WEB

Una pagina web è una pagina scritta in HTML. L'HTML è un linguaggio di *marcatura*, ciò significa che alcuni codici permettono di strutturare il testo e dargli un determinato formato. La marcatura avviene tramite alcuni comandi racchiusi tra **tags <...>**.

Una pagina HTML viene *interpretata* dal programma che serve per navigare: il *browser*.

Browser.
Vengono chiamati così i software che servono per navigare in Internet. Il termine deriva dal verbo inglese *to browse* che significa *sfogliare*. In particolare nel settore informatico significa *esaminare informazioni conservate (in un database, ecc).*

Il browser più diffuso è Internet Explorer.[3]

Per capirci. Se io scrivo in un file con estensione **html**: Buongiorno questa è la mia prima pagina.

Il browser mi farà vedere la scritta "Buongiorno questa è la mia prima pagina."

Naturalmente il browser formatta la frase come vuole (visto che io nom gli ho detto come formattarla). Se voglio che la parola *Buongiorno* sia visualizzata in grassetto dovrò dirglielo con i **tags**. Quindi prima della parola *Buongiorno* inserisco un tag che dice "da questo punto in poi formatta in grassetto" <b> e alla fine della parola, un tag che dice "smetti di formattare in grassetto" </b>.

---

[3] Per un approfondimento dei browser utilizzati vedi il sito
http://www.w3schools.com/browsers

Per vedere nel mio browser la frase dovrò scrivere:

```
<b>Buongiorno</b> questa è la mia prima pagina.
```

<b> sta per BOLD, cioè grassetto in inglese.

Un file HTML è composto da una **testa** e un **corpo**. Tutto ciò che si vede all'interno del browser è ciò che è scritto nel **corpo**.

Quello che scrivo nella **testa** serve per la barra del **titolo del browser** (grazie al tag **title**), ma anche ad altro...

Ecco la struttura di una pagina WEB.

```
<html>
    <head>
        <title> Titolo (appare sulla barra del titolo) </title>
    </head>
    <body>
        Contenuto (appare all'interno del Browser)
    </body>
</html>
```

Inizia subito a creare la tua pagina WEB. Dopo riprenderemo la teoria.

Crea una pagina

Prepara lo spazio nel quale lavorare

1. crea una cartella (directory) nel tuo computer, all'interno della quale fare tutti gli esercizi. Questa cartella è conosciuta come cartella di **root** (o cartella radice) del sito web.
2. ricordati di dare alle cartelle e ai file nomi in minuscolo e di massimo **8 lettere**, senza simboli particolari

E ora crea la tua prima pagina

1. Apri **Blocco Note** (se non sei su un sistema Microsoft scegli l'editor di testi di base)
2. **Scrivi il codice** che vedi sotto

```
<html>
    <head>
        <title> Prima pagina </title>
    </head>
    <body>
        Buongiorno questa è la mia prima pagina
    </body>
</html>
```

3. Salva il file nella cartella di root con il nome **primapagina.htm** (su alcuni editor bisogna controllare che nella voce *Salva come:* ci sia scritto *Tutti i file*, altrimenti il programma aggiungerà automaticamente l'estensione TXT).
4. Chiudi il blocco note e apri il file **primapagina.htm** (doppio click sul file oppure tasto destro → Apri con → Internet Explorer)

Ecco la tua prima pagina web!

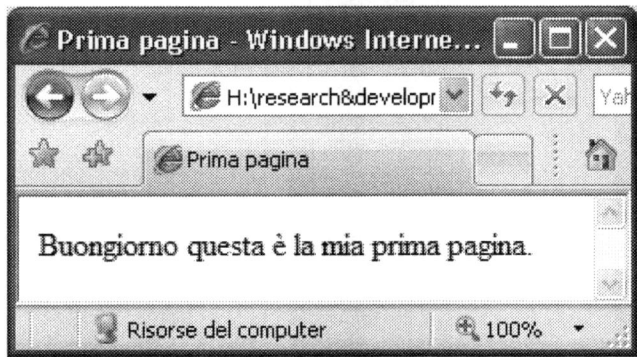

Modificare una pagina

Una volta salvato il file con estensione ***.htm** la sua apertura avverrà direttamente con il browser predefinito (es. Internet Explorer).

Per modificare il file:
1. apri il file con il browser (doppio click sul file)
2. dalla barra del menù scegli Visualizza --> HTML (oppure Sorgente)
3. fai le modifiche necessarie
4. salva il file
5. aggiorna il file nel Browser con Visualizza --> Aggiorna (oppure il tasto F5)

Devi stare attento alle finestre che hai aperto sul desktop. Se hai già aperto il codice con blocco note, non c'è bisogno di riaprirlo ogni volta che devi fare una modifica: basta passare da una finestra all'altra.

Tips

Per passare velocemente da una finestra ad un'altra, puoi utilizzare la combinazione di tasti ALT+TAB
Tieni premuto ALT e con il tasto TAB scegli la finestra che vuoi attivare.

Visualizza codice

Questa procedura funziona con Internet Explorer, ma è possibile che con altri browser non funzioni. Quindi per aprire il codice dovrai cliccare il tasto destro sul file e, nel menù contestuale, Apri con → Blocco note (o l'editor di testi che preferisci).
Per esempio su Mozilla Firefox, si apre una finestra dove non è possibile modificare il testo.

Esercizio 1

1. Apri il file **primapagina.htm** con il browser
2. Dal Menù scegli **Visualizza --> HTML** (oppure Sorgente)
3. Modifica il codice all'interno del Blocco Note aggiungendo: ***pagina creata da nome cognome***
4. **Salva il file** e chiudi Blocco note
5. Aggiorna il file nel Browser con **Visualizza --> Aggiorna** (oppure F5)

Esercizio 2

1. Apri il file **primapagina.htm** con il browser
2. Metti in grassetto la parola **Buongiorno**

Esercizio 3

Nel codice HTML copia e incolla 2 volte la riga *Buongiorno. . .*

1. Sostituisci il tag <B> con il tag <U> e aggiorna il browser, cosa succede?
2. Sostituisci il tag <U> con il tag <I> e aggiorna il browser, cosa succede?
3. Ci sono differenze nella pagina web se scrivi il tag <B> in maiuscolo o in minuscolo?

Che nomi dare ai file html?

Sia per il nome dei file html che per gli altri file o cartelle utilizzati nella costruzione di un sito, si seguono queste regole[4]:
- nessuno spazio
- regola dell'8+3, il nome di un file deve essere lungo massimo 8 caratteri e l'estensione massimo 3 caratteri
- tutto in minuscolo (così non avrai problemi sui server Linux)
- solo caratteri alfanumerici (a-z 0-9), gli unici segni accettabili nel nome possono essere – e _ (es. mio–file.htm o mio_file.htm)

Il nome di alcuni segni

Spesso non si conosce il nome di alcuni segni comuni. Ecco come chiamarli
1. _ si chiama **underscore** o **understrike** (es. a_b)
2. - si chiama **trattino** o **hyphen** (da non confondere con *dash*)
3. / si chiama **slash**
4. \ si chiama **backslash**
5. ~ si chiama **tilde**
6. @ si chiama **at**
7. & si chiama **e commerciale** o **ampersand**
8. | si chiama **pipe**
9. — si chiama **dash** (più lungo di *hypen*)
10. * si chiama **asterisco** o **carattere jolly** o **wild card**

---

[4] In realtà alcune norme ormai riguardano l'eleganza nella programmazione, visto che la maggior parte dei sistemi operativi ha superato questi limiti. Io le consiglio per non avere problemi.

Cos'è l'HTML?

L'HTML (Hyper Text Markup Language) è un **linguaggio di marcatura** per creare pagine web.

Cosa è?

- È un linguaggio di marcatura, utilizza quindi dei tags per marcare il testo da formattare
- Permette di scrivere un file di testo che può richiamare altri file (immagine, suono, video).

Cosa NON è?

- NON è un linguaggio di programmazione come PHP, ASP, JSP, C++, Visual Basic, Java ecc.
- NON è un editor di testi
- NON è un programma di grafica

Cosa mi serve per iniziare[5]

Per poter creare un sito servono 2 programmi.

- Un editor di test (Blocco Note) *fondamentale*
- Un browser (Internet Explorer, Opera, FireFox, Safari su Mac) *fondamentale*

Se però voglio integrare della grafica nel sito serve anche un programma di fotoritocco che produca immagini di tipo JPG, GIF, PNG.

- MS Photo Editor (distribuito assieme ad Office)
- Paint Shop Pro (miglior rapporto qualità/prezzo)
- Photoshop (livello professionale)
- GIMP (gratuito)

Per creare siti con grafica animata:

- Gif animator (per creare immagini animate)
- Macromedia Flash (per animazioni più complesse)

---

[5] Vedi la sezione Risorse di rete

Per implementare siti dinamici dovrai conoscere i linguaggi di programmazione:

- ASP su server Microsoft IIS con database Access
- PHP su server EasyPhp con database MySQL
- JSP su server Tomcat con database MySQL/Oracle

Case (leggi *keis*)

È importante sapere che esistono sistemi **case sensitive** e altri **case unsensitive**, cioè sistemi che riconoscono le minuscole dalle maiuscole e altri che non lo fanno. In un sistema case sensitive la parola *ciao* può esser scritta in 16 (2^4) modi diversi e ogni volta è una parola diversa, mentre per i sistemi case unsensitive non c'è alcuna differenza.
La maggior parte dei server che ospitano siti web hanno come sistema operativo Linux, che è *case sensitive*. Per Linux i file

- pagina.htm
- Pagina.htm
- PAGINA.HTM
- PaGiNa.HtM

sono tutti diversi. Quindi per evitare problemi è meglio scrivere tutti i nomi dei file in minuscolo, compresi i nomi delle foto o dei file allegati. L'HTML invece è *case unsensitive*, quindi i codici possono essere scritti sia in minuscolo che in maiuscolo senza che questo crei problemi di interpretazione.

I tags strutturali

Come è strutturata una pagina in HTML?

- Testa
- Corpo

Nella **testa** si inseriscono informazioni tecniche che serviranno al Browser (title, metatags, ecc.).

Nel **corpo** si inseriscono le informazioni che appariranno nella pagina web.

L'**HTML** è *case unsensitive*, quindi puoi utilizzare indifferentemente le lettere *MAIUSCOLE* e *minuscole* all'interno dei TAGS.

Cos'è un tag?

Il tag è un marcatore e si scrive sempre all'interno dei simboli < e >.

La maggior parte dei tag hanno un inizio e una fine (**. . . **).

Per scrivere correttamente il codice HTML, ma soprattutto per poterlo rileggere con facilità, è importante seguire alcune regole, come la **nidificazione** e l'**indentazione**.

Nidificazione

Quando si scrive il codice di lavoro tramite la **nidificazione** dei tags? La nidificazione si usa nei tags che necessitano una chiusura. Come si scrive per **nidificazione**? Si apre e si chiude un tag, e poi si scrive all'interno.

Passo 1: (si scrivono i tags di apertura e chiusura)

```
<b> </b>
```

Passo 2: (si rimette il cursore all'interno dei tags con i tasti di posizione)

```
<b> |</b>
```

Passo 3: (si scrive il contenuto)

```
<b> ciao </b>
```

Indentazione

Per facilitare la lettura del codice si usa **indentare** i tags all'interno del file di testo.

Per l'indentazione si utilizzano la **barra spaziatrice** e\o i **tasto di tabulazione**

```
<primotag>
    <secondotag>
        <terzotag>
            <quartotag>
                        eccetera
            </quartotag>
        </terzotag>
    </secondotag>
</primotag>
```

Non ti preoccupare degli spazi doppi, non si vedranno!

Spazi

Con l'HTML puoi utilizzare tutti gli spazi che desideri, perché il browser ne leggerà sempre uno solo.

Esempio del codice:

```
Prima parola              seconda parola
```

Nel browser apparirà con un solo spazio

Per rendere visibile più spazi devi utilizzare il carattere speciale spazio nella sua codifica per HTML[6]:

```
 
```

Simmetria

I tags vanno sempre chiusi (simbolo /) seguendo un ordine simmetrico. Esempio:

```
<primotag>
    <secondotag>
    </secondotag>
</primotag>
```

Esistono comunque alcuni tags che non hanno bisogno di chiusura, come quelli per le **immagini** o l'**interruzione di riga** che non formattano il contenuto, ma compiono un'azione. Esempio:

```
<img src="immagine.jpg">
<br>
```

Interruzione di riga

Il tag **
** è molto importante: serve per mandare a capo una riga! Questo tag non ha bisogno di chiusura

---

[6] Vedi tabella dei Caratteri speciali

Default

Quando scrivi un codice, senza impostare particolari attributi, la pagina viene visualizzata nel browser con le caratteristiche di *default* (di base) del browser stesso. Se un utente modica le caratteristiche di default del suo browser il sito potrebbe apparire completamente diverso. Chi crea un sito dovrebbe sempre specificare tutti gli attributi, e comunque ricordarsi le caratteristiche di default standard nella maggior parte dei browser. Ecco alcune caratteristiche:

- lo sfondo della pagina è bianco
- la grandezza del carattere media
- il colore del carattere è nero
- il colore del link è blu
- il colore del link già visitato è viola
- la larghezza di una pagina non dovrebbe superare 750/780 pixel (per rispetto alla risoluzione degli schermi 800X600)[7]
- su Internet Explorer il tipo di carattere è Times New Roman (sconsigliatissimo per i siti web!)

---

[7] In realtà oggi (statistiche gennaio 2007 - www.w3schools.com) la risoluzione standard dello schermo è più alta, più della metà degli schermi (54% degli utenti web) ha una risoluzione 1024×768, ad avere una risoluzione più alta è il 26% degli utenti, mentre la risoluzione 800X600 è ancora utilizzata dal 14%, quindi viene considerata la risoluzione minima standard.

I commenti

Nel codice HTML si possono inserire dei commenti che non saranno visibili in output sul browser

Nella scrittura del codice, come in programmazione più avanzata, è buona norma commentare il codice. Inserire cioè all'interno del codice delle frasi per descrivere quello che si sta facendo o i lavori che si lasciano in sospeso. Questa tecnica diventa di fondamentale importanza quando si deve rileggere ed intervenire sul codice dopo qualche tempo. Il codice commentato si scrive in qualsiasi parte del testo tra i simboli **<!--** e **-->**

```
<!-- Questa è una linea di codice commentato, quindi non apparirà
all'interno della pagina,
mentre quello che viene scritto fuori dalla parte commentata
apparirà al pubblico-->
Testo visibile
```

Il codice è sempre visibile

Anche se il testo commentato non appare come output nel browser, resterà sempre all'interno del file HTML, quindi è facile vederlo! Basta selezionare Visualizza --> HTML dal Browser.
Devi quindi evitare di inserire nel codice informazioni che vuoi proteggere

Output

Quando si parla di *output* di un codice si intende ciò che apparirà alla fine. In questo caso l'*output* del codice HTML è ciò che appare nel browser

II PARTE:
I TAGS FONDAMENTALI

Con i tags presentati in questa sezione sarai già in grado di costruire il tuo sito web. Grazie al capitolo Stile imparerai a migliorare l'aspetto grafico del tuo sito. Imparare l'HTML è semplice, ma non pretendere di imparare ora i codici a memoria. I manuali servono per questo. Impara ad utilizzare i diversi tags grazie agli esercizi proposti, poi con il tempo e la pratica memorizzerai ciò che ti è più utile.

Per vedere quali sono i tags fondamentali per iniziare consulta la sezione **Elenco dei tags html**

Formatta il contenuto

Per formattare un testo, bisogna includere il testo che si desidera formattare tra tags di formattazione

Formati attribuibili ad un testo.

- grassetto (**bold**)
- corsivo (**italic**)
- sottolineato (**underlined**)
- tipo di carattere (attributo **face**)
- colore del carattere (attributo **color**)
- dimensione del carattere (attributo **size**)

```
<b>Testo in grassetto</b>
<i>Testo in corsivo</i>
<u>Testo sottolineato</u>
```

Il tag **<font>** è un tag che supporta degli attributi. Senza attributi questo tag non apporta nessuna formattazione al contenuto.

```
<font color="red">Testo rosso</font>
<br>
<font face="verdana">Testo con tipo di carattere Verdana</font>
<br>
<font size="2">Testo dimensione 2</font>
```

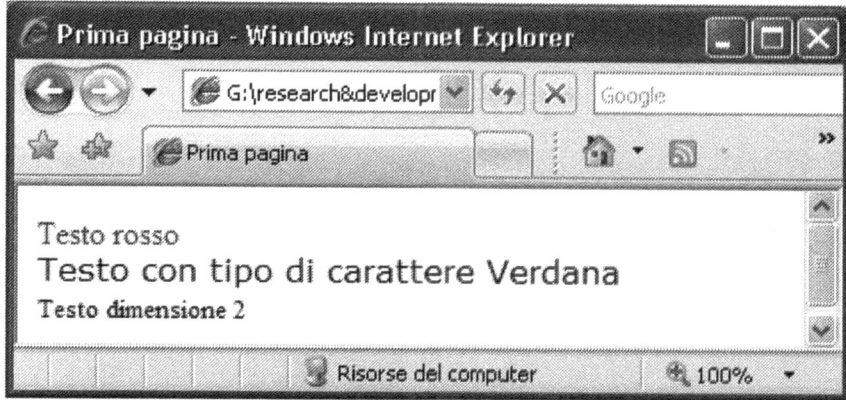

Gli attributi di questo tag vengono scritti in apertura, mentre non c'è bisogno di scriverli in chiusura.

```
<FONT ATTRIBUTI>contenuto</FONT>
```

Apici o virgolette

I valori degli attributi possono essere scritti sia tra apici che tra virgolette

```
<font color='red'>contenuto</font>
```
oppure
```
<font color="red">contenuto</font>
```
In realtà spesso funzionano anche senza apici o virgolette, ma è buona abitudine utilizzarli, perché alcuni valori possono contenere degli spazi ma devono essere riconosciuti ugualmente.

```
<font face="Courier New">contenuto</font>
```

Il tag **<font>** può contenere contemporaneamente più attributi e più tags possono essere usati contemporaneamente. Esempio:

```
<b><font color="red" face="verdana" size="2">Testo rosso,
grassetto, con tipo di carattere Verdana, dimensione
2</font></b>
```

Nota attentamente come sono simmetrici i tags: <b> all'inizio e </b> alla fine e il <font> internamente.

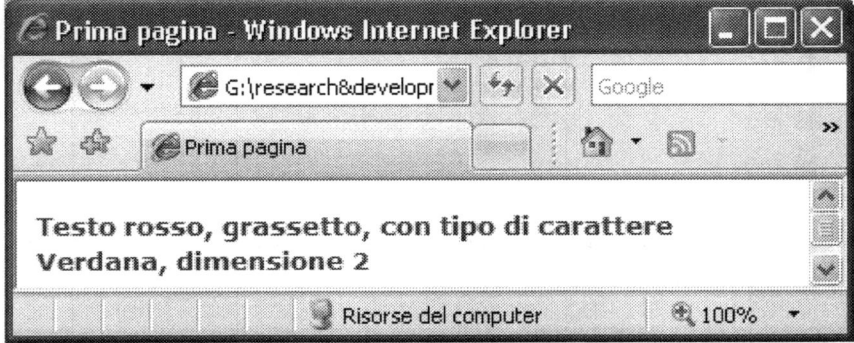

Questioni di stile

Attenzione! Il tag **<u>** non viene mai utilizzato perché la sottolineatura di una parola fa pensare ad un collegamento, ed il tag **<i>** deve essere usato con moderazione perché il corsivo è di difficile lettura .

Font size

Puoi utilizzare i valori 1, 2, 3, 4, 5, 6 7 che erano stati definiti da Netscape.

```
<font size="1">Size 1</font> <br> <font size="2">Size 2</font>
<br> <font size="3">Size 3</font> <br> <font size="4">Size
4</font> <br> <font size="5">Size 5</font> <br> <font
size="6">Size 6</font> <br> <font size="7">Size 7</font>
```

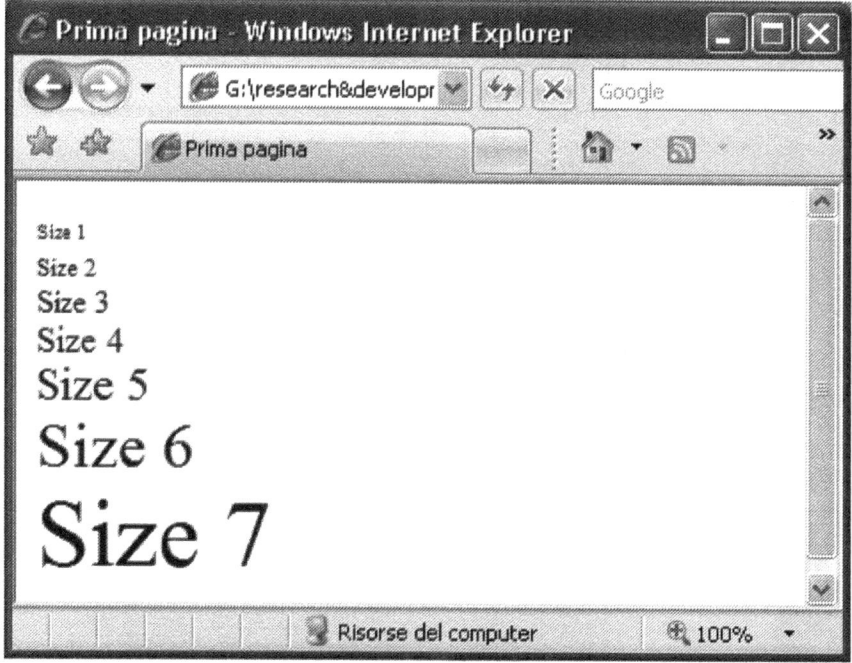

Il valore di **default** è 3 che equivale più o meno a 12 punti in MS Word.

Font face

Non si possono usare tutti i caratteri che si vuole, perché se l'utente non ha installato nel suo computer un tipo di carattere che hai scelto, non vedrà la pagina come te. Per utilizzare tipi speciali di carattere è meglio ricorrere alla grafica (ma solo nel caso di intestazioni o loghi e non di interi contenuti). Per creare un sito si consigliano invece i seguenti caratteri, presenti grosso modo su tutti i computer.

Con grazie o senza grazie

I caratteri si possono dividere in due grandi gruppi:

- caratteri *serif* (con grazie)

- caratteri *sans serif* (senza grazie)

Benché i caratteri *con grazie* siano spesso più belli (sulla carta stampata), per motivi di leggibilità sul web vengono preferiti i caratteri *senza grazie*, cioè senza gli abbellimenti. Inoltre i caratteri *senza grazie*, possono essere rimpiccioliti senza perdere la loro leggibilità.

Serif   Sans-Serif

- verdana (il più leggibile in assoluto)
- arial
- helvetica
- courier new

```
<font face="verdana">Carattere Verdana</font>
<br>
<font face="arial">Carattere Arial</font>
<br>
<font face="helvetica">Carattere Helvetica </font>
<br>
<font face="courier new">Carattere Courier New</font>
```

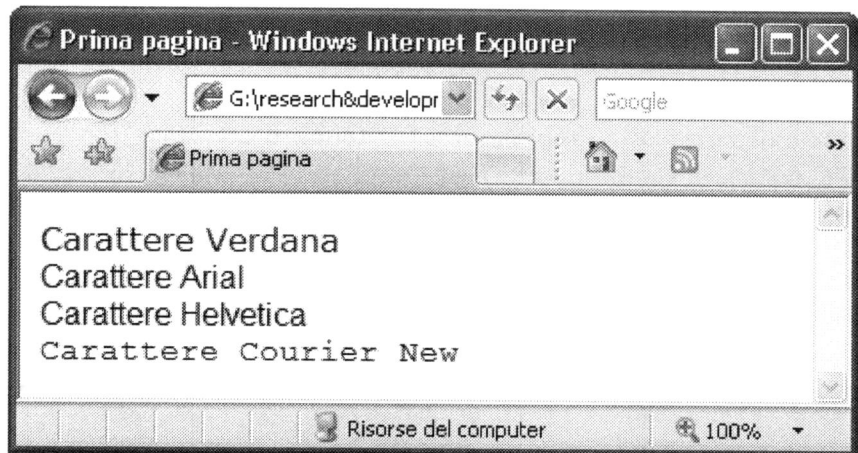

Abbandonare l'università può essere rivoluzionario

I caratteri *con grazie* vennero introdotti da Steve Jobs, uno dei fondatori della Apple. Jobs aveva lasciato la sua università, il Reed College, ma non completamente. Si era dedicato a seguire solo alcuni corsi che gli interessavano e tra questi la classe di calligrafia. Al tempo il Reed College offriva probabilmente la miglior formazione relativamente alla calligrafia negli USA. Fu lì che imparò i caratteri *serif* e *sans serif* e altre tecniche tipografiche. Dieci anni dopo, quando si trovò a progettare il primo Macintosh, riutilizzo le cose apprese durante il corso di calligrafia. Così i caratteri con grazie apparvero nell'informatica.

Font color

Ecco alcuni colori che puoi utilizzare, lo standard consiglia una **web palette** a 216 colori[8].

Nell'attributo **color** del tag **font** puoi scrivere o il **nome del colore**

```
<font color="red">Testo rosso</font>
```

oppure il **codice esadecimale** relativo al colore preceduto dal simbolo # (cancelletto)

```
<font color="#FF0000">Testo rosso</font>
```

Esercizio 4

Cerca di ottenere una pagina come quella che vedi (in Arial ogni lettera è scritta con un colore diverso)

---

[8] Vedi la sezione **Tabella dei colori**

Tabella dei colori

Per il web si usa una tavolozza di 216 colori (**web palette**). Ormai la maggior parte dei computer riesce a supportare milioni di colori, ma è sempre buona norma usare questa tavolozza per mantenere alti livelli di standardizzazione del sito: sarai sicuro che il colore scelto sarà visto da tutti. Inoltre utilizzando questa tavolozza potrai utilizzare i nomi dei colori, invece della sequenza esadecimale[9].

maroon	#800000		lightgreen	#90EE90
darkred	#8B0000		lime	#00FF00
firebrick	#B22222		chartreuse	#7FFF00
brown	#A52A2A		lawngreen	#7CFC00
crimson	#DC143C		greenyellow	#ADFF2F
red	#FF0000		yellowgreen	#9ACD32
orangered	#FF4500		darkolivegreen	#556B2F
indianred	#CD5C5C		olivedrab	#6B8E23
darksalmon	#E9967A		olive	#808000
lightsalmon	#FFA07A		darkkhaki	#BDB76B
coral	#FF7F50		darkgoldenrod	#B8860B
tomato	#FF6347		goldenrod	#DAA520
salmon	#FA8072		gold	#FFD700
lightcoral	#F08080		yellow	#FFFF00
palevioletred	#DB7093		khaki	#F0E68C
mediumvioletred	#C71585		palegoldenrod	#EEE8AA
deeppink	#FF1493		sandybrown	#F4A460
fuchsia	#FF00FF		orange	#FFA500
magenta	#FF00FF		darkorange	#FF8C00
hotpink	#FF69B4		chocolate	#D2691E
lightpink	#FFB6C1		saddlebrown	#8B4513
pink	#FFC0CB		sienna	#A0522D
thistle	#D8BFD8		peru	#CD853F
plum	#DDA0DD		burlywood	#DEB887
violet	#EE82EE		tan	#D2B48C
orchid	#DA70D6		wheat	#F5DEB3
mediumorchid	#BA55D3		navajowhite	#FFDEAD
darkorchid	#9932CC		moccasin	#FFE4B5
darkviolet	#9400D3		blanchedalmond	#FFEBCD
purple	#800080		rosybrown	#BC8F8F

---

[9] Esistono dei programmi in rete che permettono di scegliere il colore e restituiscono il suo valore esadecimale, vedi **Risorse di rete**

darkmagenta	#8B008B		palegreen	#98FB98
indigo	#4B0082		lightgreen	#90EE90
blueviolet	#8A2BE2		mistyrose	#FFE4E1
mediumpurple	#9370DB		lavenderblush	#FFF0F5
mediumslateblue	#7B68EE		lavender	#E6E6FA
slateblue	#6A5ACD		ghostwhite	#F8F8FF
darkslateblue	#483D8B		azure	#F0FFFF
midnightblue	#191970		lightcyan	#E0FFFF
navy	#000080		aliceblue	#F0F8FF
darkblue	#00008B		mintcream	#F5FFFA
mediumblue	#0000CD		honeydew	#F0FFF0
blue	#0000FF		lightgoldenrodyellow	#FAFAD2
royalblue	#4169E1		lemonchiffon	#FFFACD
cornflowerblue	#6495ED		beige	#F5F5DC
steelblue	#4682B4		lightyellow	#FFFFE0
dodgerblue	#1E90FF		ivory	#FFFFF0
deepskyblue	#00BFFF		floralwhite	#FFFAF0
lightskyblue	#87CEFA		linen	#FAF0E6
skyblue	#87CEEB		oldlace	#FDF5E6
lightsteelblue	#B0C4DE		cornsilk	#FFF8DC
lightblue	#ADD8E6		antiquewhite	#FAEBD7
powderblue	#B0E0E6		bisque	#FFE4C4
paleturquoise	#AFEEEE		peachpuff	#FFDAB9
mediumturquoise	#48D1CC		papayawhip	#FFEFD5
lightseagreen	#20B2AA		seashell	#FFF5EE
darkcyan	#008B8B		snow	#FFFAFA
teal	#008080		white	#FFFFFF
cadetblue	#5F9EA0		whitesmoke	#F5F5F5
darkturquoise	#00CED1		gainsboro	#DCDCDC
aqua	#00FFFF		lightgrey	#D3D3D3
cyan	#00FFFF		silver	#C0C0C0
turquoise	#40E0D0		darkgray	#A9A9A9
aquamarine	#7FFFD4		gray	#808080
mediumaquamarine	#66CDAA		dimgray	#696969
darkseagreen	#8FBC8F		lightslategray	#778899
mediumseagreen	#3CB371		slategray	#708090
seagreen	#2E8B57		darkslategray	#2F4F4F
darkgreen	#006400		black	#000000
green	#008000			
forestgreen	#228B22			
limegreen	#32CD32			
springgreen	#00FF7F			
mediumspringgreen	#00FA9A			

Solo 216?

In realtà i sistemi operativi utilizzano tavolozze da 256 colori, ma la tavolozza di sistema Macintosh è diversa da quella di Windows: tra di esse coincidono solamente 216 colori su 256. La diversità delle due tavolozze può alterare i colori di un'immagine creata con un sistema operativo e visualizzata con un altro (problema che ci si pone con dispositivi a 8 bit cioè a 256 colori). Per questo motivo molti programmi grafici offrono la possibilità di utilizzare "solo colori per il web (*safe palette*)": spuntando questa opzione si è certi successivamente di selezionare un colore che verrà visualizzato in un ugual modo sia da utenti Windows che da utenti Mac.

Il problema delle tavolozze di sistema diverse però è diventato ormai irrilevante dato che praticamente quasi tutte le macchine supportano profondità di migliaia (16 bit) o milioni (24 bit) di color[10]i. Su tutti i sistemi moderni l'uso di tavolozze specifiche per un'immagine (custom palette) non ne altera la visualizzazione.

---

[10] Le ultime statistiche (gennaio 2007 - www.w3schools.com) indicano che 86% degli utenti può visualizzare (grazie agli hardware 24 o 32 bits) 16.777.216 di colori; i vecchi computer (con hardware 16 bits) con un massimo di 65.536 colori sono solo l'11% e si trovano ancora pc (8 bits) a 256 colori (solo il 2%). Essendo così pochi i computer a 256 coli lo standard minimo è considerato quello a 65.536.

Formattare il paragrafo

Per formattare un paragrafo, bisogna includere il paragrafo che si desidera formattare nel tag **<p>**.

```
<p>paragrafo con le varie formattazioni del testo</p>
```

Il tag **<p>** è un tag che supporta attributi, come il tag **<font>**. Da solo crea un paragrafo (che sarà distanziato dal paragrafo precedente e successivo), ma resta allineato a sinistra (come nei default dei browser). Essendo un attributo di default, l'allineamento a sinistra può anche non essere specificato.

Formati attribuibili ad un paragrafo.

- allineamento a sinistra (default)
- allineamento a destra
- allineamento centrato
- allineamento giustificato

```
<p align="left">paragrafo allineato a sinistra</p>
<p align="right">paragrafo allineato a destra</p>
<p align="center">paragrafo allineato centrato</p>
<p align="justify">paragrafo allineato giustificato</p>
```

Esercizio 5

Scrivi una riga e fai in modo che sia allineata al centro della pagina.

Stili

Esistono anche degli stili di paragrafo predefiniti per le titolazioni di capitolo, paragrafo, sottoparagrafo, ecc.

```
<h1>Testo H1</h1>
<h2>Testo H2</h2>
<h3>Testo H3</h3>
<h4>Testo H4</h4>
<h5>Testo H5</h5>
<h6>Testo H6</h6>
```

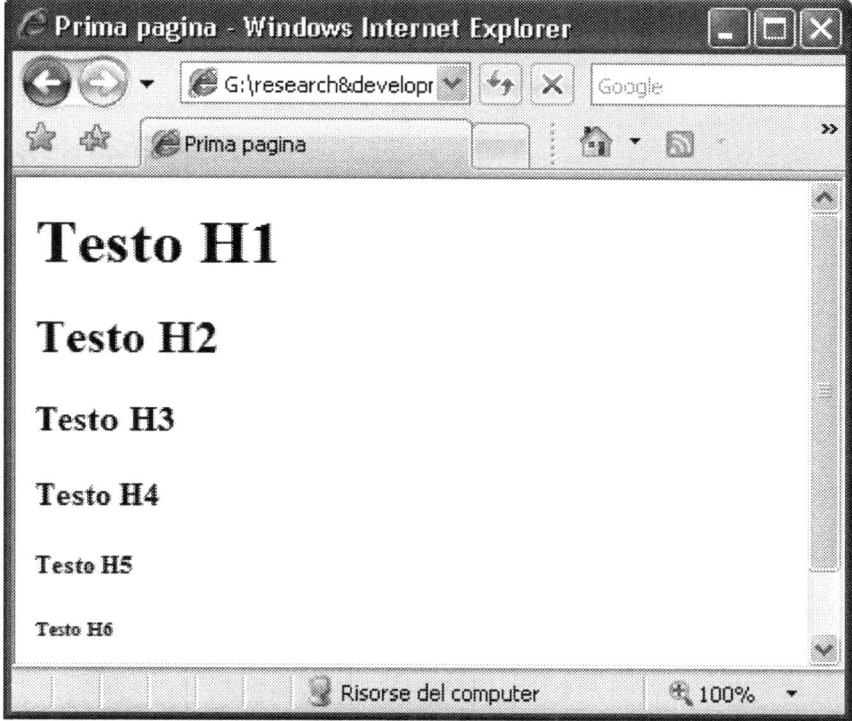

Questioni di stile

Per motivi di leggibilità e di standardizzazione, si consiglia di non utilizzare i paragrafi giustificati

Il tag degli stili **<h>** sostituisce il tag **<p>** del paragrafo, e come il tag **<p>** accetta gli attributi di allineamento

```
<h1 align="center">Testo H1</h1>
```

Attenzione a non confondere l'uso dei valori dei tags di stile con quelli di dimensione del testo.

<font size="1"> è il carattere più piccolo
<h1> è il titolo più grande

Esercizio 6

Vedendo questa pagina, cerca di riscrivere il codice in HTML.

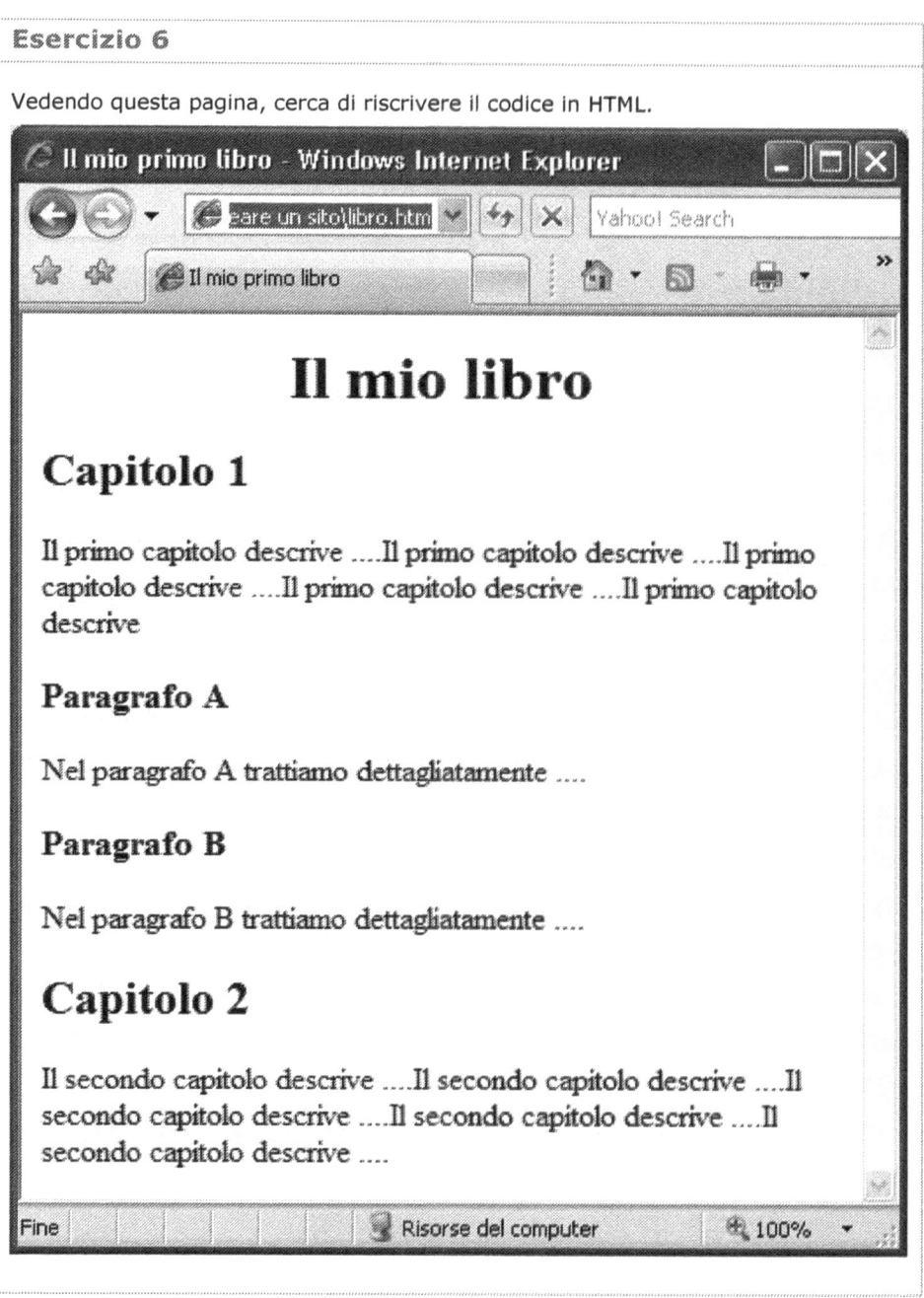

Interruzione di riga

Quando si scrivono due paragrafi la distanza di default tra i due è quasi il doppio della distanza tra le righe.

Puoi però utilizzare un'altro sistema per spezzare una riga in due: interruzione di riga con il tag **\<br\>**

```
<p>primo paragrafo</p>

<p>secondo paragrafo</p>
```

```
primo paragrafo
<br>
secondo paragrafo
```

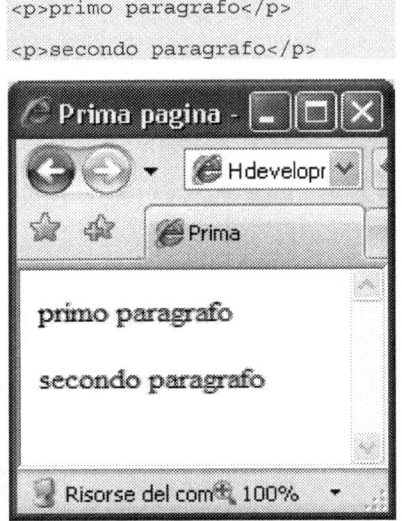

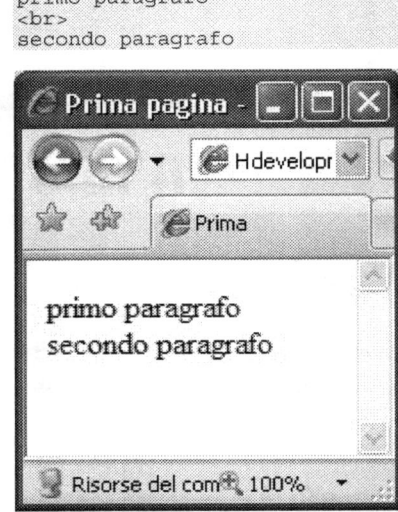

Ricorda: il tag **\<br\>** non ha bisogno di chiusura: si deve usare da solo.

Esercizio 7

Cerca di ottenere un testo come quello che vedi

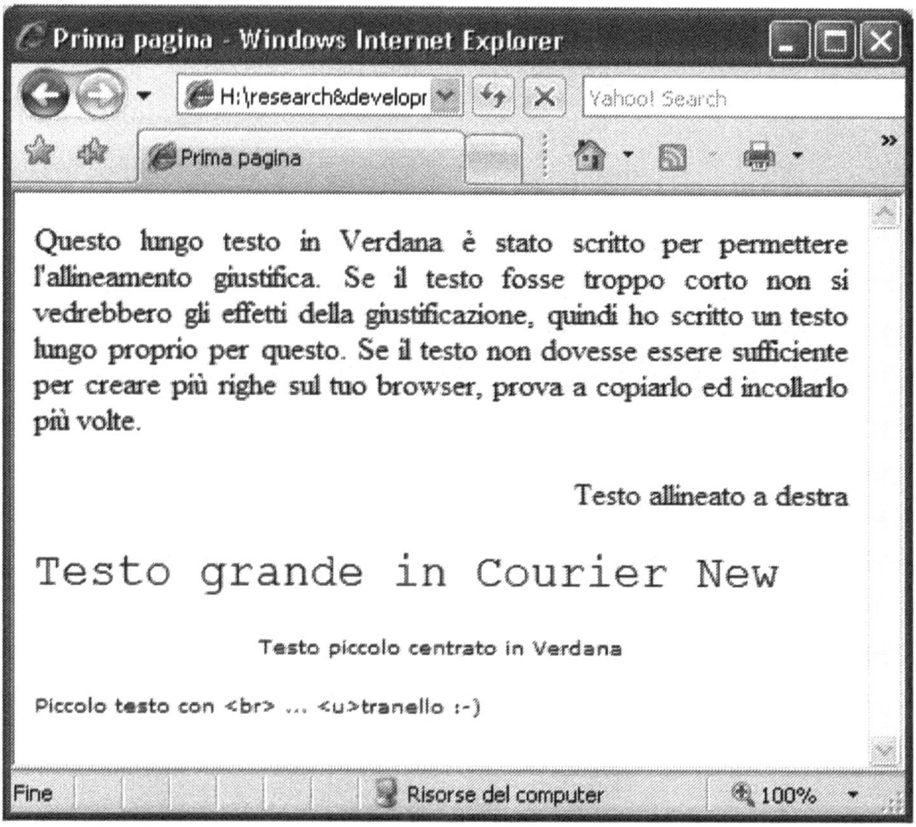

> **Prima pagina - Windows Internet Explorer**
>
> H:\research&developr   Yahoo! Search
>
> Prima pagina
>
> ---
>
> Questo lungo testo in Verdana è stato scritto per permettere l'allineamento giustifica. Se il testo fosse troppo corto non si vedrebbero gli effetti della giustificazione, quindi ho scritto un testo lungo proprio per questo. Se il testo non dovesse essere sufficiente per creare più righe sul tuo browser, prova a copiarlo ed incollarlo più volte.
>
> Testo allineato a destra
>
> ## Testo grande in Courier New
>
> Testo piccolo centrato in Verdana
>
> Piccolo testo con
 ... <u>tranello :-)
>
> ---
> Fine   Risorse del computer   100%

Come avrai notato ciò che è contenuto nei tag < e > viene interpretato dal browser e quindi non viene visualizzato. Per poter visualizzare i simboli < e > bisogna inserire dei caratteri speciali a pag. 82.

Immagini

Per inserire una immagine si deve utilizzare il tag **<img>** con l'attributo del percorso assoluto dell'immagine.

Naturalmente la cosa fondamentale per poter inserire l'immagine è **avere l'immagine**. Vai quindi a cercare una immagine sul web!

 Vai su http://images.google.it, cerca le immagini che ti interessano e salvale nella cartella nella quale stai costruendo il sito. Stai attento alla estensione con cui salvi i file. Le estensioni ammesse nel web sono GIF, JPG e PNG

```
<img src="immagine.gif">
```

Il tag **<img>** non ha bisogno di chiusura e, come il tag **<font>**, non modifica niente se non si definisce almeno l'attributo sorgente **src**

Attributi

Anche una immagine ha degli attributi!

- larghezza (**width**)
- altezza (**height**)
- bordo (**border**)
- allineamento (**align**)
- testo alternativo (**alt**)

Potrei anche inserire un bordo. Esempio:

```
<img src="immagine.gif" border="2">
```

Se invece hai inserito l'immagine nella sotto-cartella immagini e sbagli il nome del percorso o dell'immagine, allora apparirà un errore nella pagina

```
<img src="percorsosbagliato/immagine.gif" >
```

Ridimensionamento delle immagini

Esistono due attributi del tag **<img>** che servono per modificare le dimensioni delle immagini: **width** (per la larghezza) e **height** (per l'altezza)

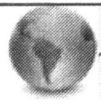	**I pixel** La parola *pixel*, contrazione di ***picture per element***, indica ciascuno dei punti che servono per creare una immagine. Più alta è la risoluzione del proprio schermo, più pixel saranno disponibili. Quindi potrai vedere una stessa immagini di dimensioni diverse. Se hai uno schermo ad alta risoluzione l'immagine risulterà più piccola (perché i pixel saranno più piccoli).

Si possono usare indifferentemente valori in pixel o in percentuale. Esempio se l'immagine misura di altezza 97 e di larghezza 104 puoi scrivere:

```
<img src="immagine.gif" width="104" height="97">
```

oppure

```
<img src="immagine.gif" width="100%" height="100%">
```

	È sconsigliato ridimensionare l'immagine tramite gli attributi. È meglio utilizzare gli appositi programmi di grafica e\o fotoritocco. Il ridimensionamento con l'HTML è del tutto virtuale ed ha i seguenti svantaggi: - il **peso dell'immagine non cambia** (quindi se carichi un'immagine grande e la visualizzi nella pagina in formato ridotto, il tempo di caricamento della pagina sarà sempre alto) - è possibile causare delle **deformazioni** fastidiose dell'immagine

Alcuni esempi:

Immagine originale (12,8 Kb)

Ridimensionata tramite HTML (12,8 Kb)	Ridimensionata tramite Programma grafico (5,8 Kb)

Ridimensionata tramite HTML con proporzioni errate (deformata)

 Avvertenze: nell'ingrandimento le deformazioni sono ancora più visibili.

Testo alternativo

L'attributo **alt** del tag **img** serve per inserire un *testo alternativo* all'immagine. Di norma una descrizione dell'immagine stessa.

Usare l'attributo **alt** serve per aumentare l'**usabilità del sito**. I non vedenti, per esempio, utilizzano un software che legge le pagine web. Grazie al testo alternativo possono sapere di cosa tratta l'immagine. Per visualizzare il testo alternativo basta posizionare il puntatore del mouse sull'immagine. I non vedenti non usano il mouse, ma dei programmi di lettura chiamati *screen-readers* che leggono tutto ciò che è presente nella pagina.

```
<p>
Immagine con testo alternativo<br>
<img src="casa.jpg" alt="questo è il testo che appare">
</p>
```

Esercizio 8

Fai le seguenti operazioni

1. Cerca in internet una foto
2. Salva la foto nella cartella nella quale si trovano gli altri file html che hai creato
3. Inserisci due volte la stessa foto con allineamento destra
4. Dai un testo alternativo alla foto

Nel web si usano tre termini che spesso vengono confusi.

Accessibilità: un sito web è accessibile "quando può essere usato da qualcuno che ha una disabilità".

Usabilità: è un insieme di chiarezza, qualità estetiche, capacità comunicativa e interattiva, velocità della fruizione e della consultazione.

Navigabilità: individua le modalità comunicative più consone a Internet, soprattutto nell'organizzazione della struttura.

I link

Cosa significa ipertesto?

L'**ipertesto** (o **hypertext**) è un concetto fondamentale per capire l'impostazione che dobbiamo dare alle nostre pagine web. L'ipertesto è un testo, quindi un messaggio dotato di significato, ma i suoi contenuti non sono articolati secondo un ordine prestabilito. A dare una forma al contenuto è lo stesso utente, che sceglie le pagine da visitare.

Il **link** (dall'inglese *àncora*) è una porzione di testo che ci permette di passare ad un'altra sezione di contenuto.

Immaginiamo di avere due pagine:
- **pagina.htm** nella quale c'è un link che ci porta a *pagina2.htm*
- **pagina2.htm** nella quale c'è un link che ci permette di tornare a *pagina.htm*

Come facciamo a trasformare una parola o una frase in un link che ci porti a pagina due?

Per identificare un link dobbiamo usare il tag **<a>** + il percorso del file **href**:

```
<a href="pagina2.htm">Vai a pagina 2</a>
```

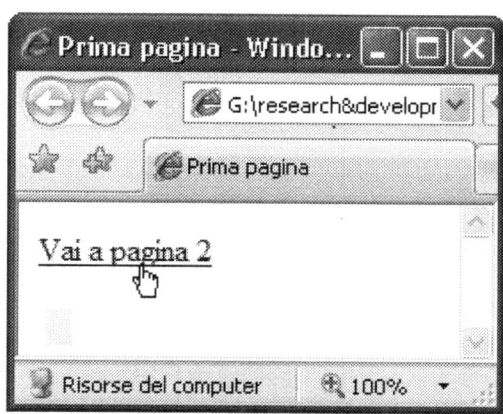

Il testo **Vai a pagina 2** viene automaticamente formattato in blu e sottolineato. Quando si passa con il puntatore del mouse sopra il link, il puntatore si trasforma in una mano che indica il link: questo ci segnala che possiamo cliccare e andare in un'altra pagina.

Esercizio 9

Crea due pagine utilizzando il codice d'esempio:

      1.   **pagina.htm**

      2.   **pagina2.htm**

Trasforma i testi

      - **Vai a pagina 2** in un link che porta a pagina 2

      - **Torna a pagina 1** in un link che porta a pagina 1

pagina.htm

```
<html>
    <head>
        <title> Titolo della pagina </title>
    </head>
    <body>
        Vai a pagina 2
    </body>
</html>
```

pagina2.htm

```
<html>
    <head>
        <title> Titolo della pagina </title>
    </head>
    <body>
        Torna a pagina 1
    </body>
</html>
```

Tilde ~ (Squiggle[11] o Sqiggle[12]).

È un simbolo utilizzato in matematica che indica un valore approssimativo. Alcuni indirizzi internet utilizzano un simbolo particolare che si chiama *tilde* e che non è presente sulla tastiera. Come faccio ad ottenerlo?
Sui computer Windows grazie alla combinazione di tasti ALT + 126 (da tastierino numerico).
Sui computer Linux grazie alla combinazione di tasti ALTGR + ì.

I colori dei link

I link hanno diversi formati che riguardano il loro *status* a cui corrispondono degli attributi.

Il **collegamento ipertestuale** (traduzione italiana del termine *link*) può essere:

Status	Attributo	Significato
non ancora visitato	**link**	Collegamento
già visitato	**vlink**	Visited link
nel momento in cui si clicca sopra	**alink**	Active link
link indicato dal puntatore del mouse	**link hover**	Puntatore sopra

---

[11] SAFIRE William, *On Language*, The New York Times, June 30, 1991

[12] WOODS D. R. e LYON J. M., *INTERCAL Programming Language Revised Reference Manual*, 1973

Per ognuno di questi link esiste un colore pre-impostato:

- link #0000FF
- link visited #800080
- link active #FF0000
- link hover nessuno

Puoi però scegliere di cambiare i colori dei link. L'impostazione si da una sola volta nella pagina come attributo del tag **body**.

```
<body link="gray" vlink="yellow" alink="marron">
```

Link hover
Può essere impostato solo tramite i fogli di stile CSS

Immagini e link

Se vuoi che una immagine diventi un link, devi utilizzare la stessa procedura che utilizzi per creare i link, ma al posto del contenuto devi inserire una immagine.

```
<a href="pagina2.htm"><img src="miaimmagine.jpg" border="0"></a>
```

Bordi
Alcuni browser inseriscono un bordo blu nelle immagini con collegamento. Per evitare questo, visto che l'effetto non è piacevole, ricordati di impostare l'attributo **border** dell'immagine a 0.

Segnalibro

I segnalibri sono dei puntatori interni alla pagina. Un tempo con le linee lente venivano usati più spesso, perché velocizzavano la navigazione. Oggi con le linee veloci, il loro utilizzo sta scomparendo[13].

I link ci collegano da una pagina ad un'altra, ma se voglio arrivare ad un punto preciso (*segnalibro*) di una pagina devo prima indicare qual è il punto. Si chiamano segnalibri (o *Bookmark*) proprio perché hanno la stessa funzione dei segnalibri tradizionali. Immagina di scrivere un libro in un'unica pagina web chiamata **libro.htm**. Come faresti a spostarti dall'indice ad un capitolo particolare? Il metodo è quello di inserire un segnalibro su ogni capitolo, e poi creare un indice che colleghi al segnalibro. Il tag segnalibro funziona come il tag link, solo che non ha un indirizzo (**href**), ma un nome (**name**).

Un segnalibro sul capitolo 1 si scrive così:

```
<a name="capitolo1">Capitolo 1</a>
```

Sei tu che devi scegliere il nome di un segnalibro. Il valore da dare all'attributo **name** è libero, ma deve rispettare alcune regole:

- non ci possono essere due segnalibri con lo stesso nome nella stessa pagina (altrimenti il broswer non sa dove andare)

- è preferibile che il nome sia scritto in minuscolo e senza spazi o caratteri speciali (stesse regole che si usano per dare il nome ai file di un sito).

Il **link al segnalibro** può essere scritto in due modi:

- **senza** la pagina html (se il segnalibro si trova sulla stessa pagina del link)

```
<a href="#capitolo1">Capitolo 1</a>
```

- **con** la pagina html (se il segnalibro si trova su un'altra pagina rispetto al link)

```
<a href="libro.htm#capitolo1">Capitolo 1</a>
```

---

[13] In realtà è stato molto importante anche lo sviluppo del Content Management, che ha reso i segnalibri strumenti obsoleti per la navigazione.

Per ottenere più spazi ricordati che esiste il codice ** **

I codici speciali si scrivono senza i simboli di tag < >.

Esercizio 10

1. Ripeti l'esercizio 6 e salva il file con nome **miolibro.htm**.
2. **Inserisci un segnalibro** in ogni capitolo e paragrafo
3. Crea un nuovo file intitolato **indice.htm** nel quale crei il sommario
4. Ogni voce del sommario deve diventare un link al relativo segnalibro.

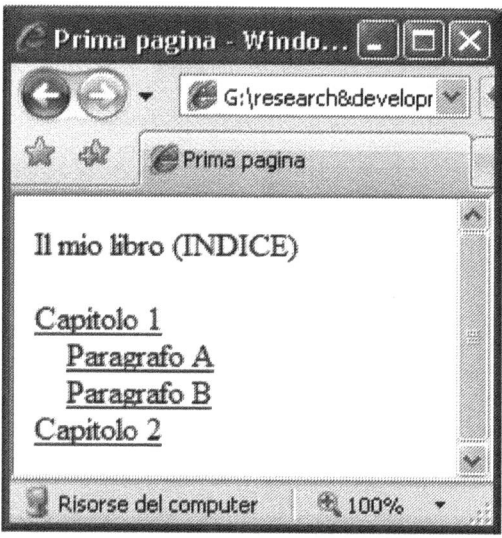

Apri in una nuova finestra[14]

Se vuoi che un link si apra su una nuova finestra del Browser, allora devi utilizzare l'attributo **target="_blank"**

Esempio

```
<a href="pagina2.htm" target="_blank">Vai a pagina 2</a>
```

È **sconsigliabile** utilizzarlo per collegare a pagine del proprio sito.
È **consigliabile** utilizzarlo per collegare a siti esterni.

Posta elettronica

Per gli indirizzi di posta elettronica si utilizza sempre un tag **<a href=..>** con l'indicazione **mailto** (*spedisci a*)

```
<a href="mailto:mariorossi@sardus.it">Mario Rossi</a>
```

Nel browser apparirà un link che attiva automaticamente il software di posta elettronica predefinito (quasi sempre Microsoft Outlook)

Elenchi puntati e numerati

Certo che se per far l'indice potessi utilizzare un elenco puntato oppure un elenco numerato, sarebbe meglio. Ebbene ecco come fare.

Intanto un elenco puntato/numerato è composto da due insiemi.

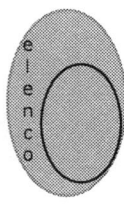

- L'insieme elenco (**list**), che determina anche la tipologia di elenco.
- I punti dell'elenco (**items**)

Un elenco puntato semplice può essere rappresentato in questo modo.

---

[14] Per comprenderne meglio il funzionamento guarda il capitolo **Frames** paragrafo **Target dei link**

In HTML dobbiamo

- definire l'area dell'elenco **<ul>** o **<ol>**
- dentro l'area dell'elenco inserire i diversi punti **<li>**

I tag **<ul>**, **<ol>** e **<li>** vanno sempre chiusi in maniera simmetrica da **</ul>**, **</ol>** e **</li>**

```
<ol>
    <li>primo punto</li>
    <li>secondo punto</li>
</ol>
```

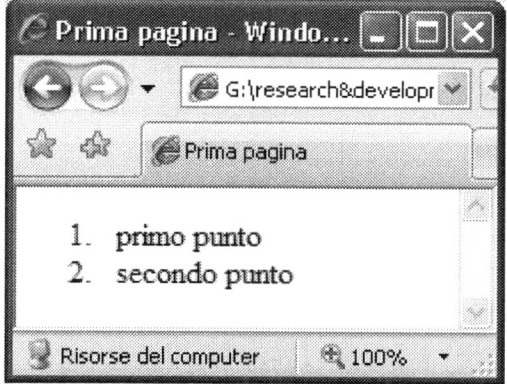

<ol> sta per ***ordered list*** (elenco ordinato o numerato)

<ul> sta per ***unordered list*** (elenco non ordinato o numerato, quindi puntato)

<li> sta per ***list item*** (singolo oggetto della lista)

```
<ul>
    <li>primo punto</li>
    <li>secondo punto</li>
</ul>
```

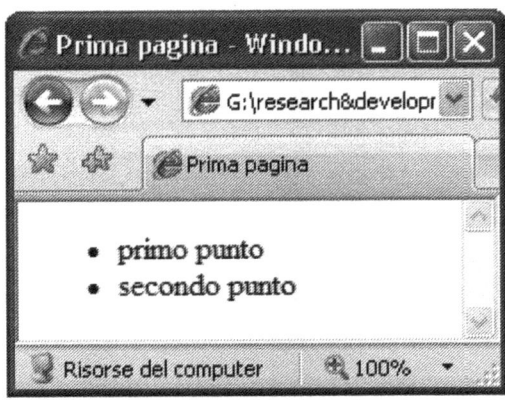

Grazie alla nidificazione di elenchi puntati o numerati si possono ottenere strutture complesse. Le tabulazioni delle strutture saranno automatiche.

```
<ol>
    <li>primo punto</li>
        <ol>
            <li>A</li>
            <li>B</li>
                <ol>
                    <li>x</li>
                    <li>y</li>
                </ol>
        </ol>
    <li>secondo punto</li>
</ol>
```

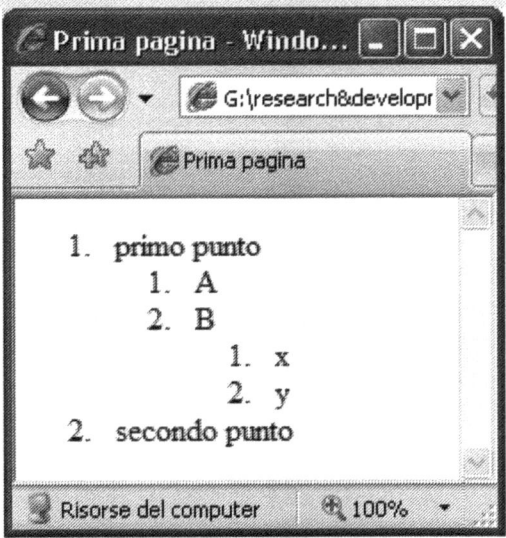

Attributo *Type*

Questo attributo si mette all'interno del tag di elenco (ul, ol) e permette:
- negli **elenchi puntati** di definire il tipo di punto
- <ul type="disc"> [*valore di default*]

○ <ul type="circle ">
□ <ul type="square">
- negli **elenchi numerarti**
<ol type="1"> numeri arabi → 1,2,3 [*valore di default*]
<ol type="a"> lettere minuscole → a,b,c
<ol type="A"> lettere maiuscole → A,B,C
<ol type="i"> numeri romani minuscoli → i,ii,iii
<ol type="I"> numeri romani maiuscoli → I,II,III

Riapri il file **indice.htm** dell'esercizio 10 e ristruttura l'indice utilizzando gli elenchi numerati

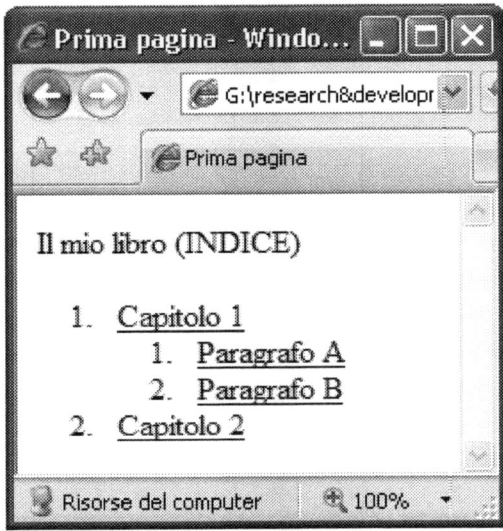

Tabelle

Saper creare le tabelle può essere molto utile per impaginare il proprio sito. Per creare una tabella devi imparare a **nidificare** i tags di tabella e, per riconoscere meglio il codice, ricordati sempre di **indentarlo**.

- **<table>** serve per creare l'ambiente di tabella
- **<tr>** serve per creare una riga
- **<td>** serve per creare una cella

Ecco una tabella con 1 riga ed una cella (nei browser più aggiornati apparirà senza il bordo, mentre nei vecchi browser apparirà con il bordo di 1 pixel)

```
<table>
    <tr>
        <td>
        Hello World
        </td>
    </tr>
</table>
```

Il testo di una tabella può essere scritto solo all'interno dei tags **<td>**. Infatti sia **<table>** che **<tr>** sono tags strutturali, ma non permettono di contenere testo.

Per default la tabella si adatta al contenuto delle celle. Ma la dimensione si può stabilire grazie agli attributi della tabella.

Caratteristiche di default

- la **larghezza della tabella** si adatta al contenuto delle celle
- l'**altezza della tabella** si adatta al contenuto delle celle
- la **dimensione della cella** si adatta al contenuto
- il colore di **sfondo** è **trasparente**
- il **bordo** è **tridimensionale** nei vecchi browser e uguale a **0px** nei nuovi

Quando si costruiscono le tabelle si consiglia di settare l'attributo border a 1, così da vedere sempre i bordi nella tabella. Ricordati una volta finita la tabella di resettare l'attributo **border** a 0 (le tabelle con bordi non sono considerate molto belle nei siti)

Una tabella può contenere più celle all'interno di una riga

```
<table border="1">
   <tr>
      <td>Hello World</td>
      <td>Second cell</td>
   </tr>
</table>
```

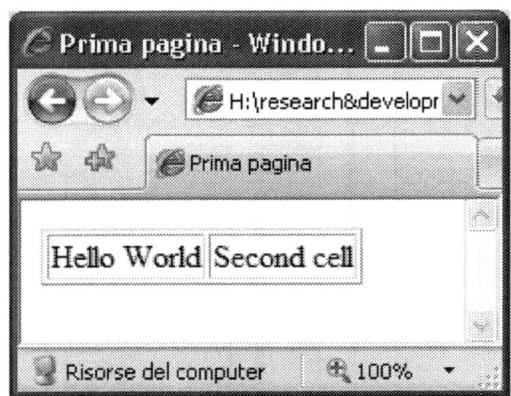

Una tabella può contenere più righe

```
<table border="1">
   <tr>
      <td>Hello World</td>
      <td>Second cell</td>
   </tr>
   <tr>
      <td>Ciao mondo</td>
      <td>Seconda cella</td>
   </tr>
</table>
```

Intestazioni.

Per semplicità nella prima riga di una tabella si possono usare delle celle di intestazione, che formattano automaticamente il testo in maniera differente dalle altre celle.

- **\<th\>** serve per creare una cella di intestazione

```
<table  border="1">
   <tr>
      <th>Inglese</th>
      <th>Italiano</th>
   </tr>
   <tr>
      <td>Hello World</td>
      <td>Ciao mondo</td>
   </tr>
</table>
```

Crea un tabella uguale a quella nella immagine

Attributi delle tabelle

Naturalmente anche la tabella può avere attributi valorizzati:

- **border** determina la dimensione del bordo della tabella
- **bgcolor** serve per scegliere il colore di sfondo della tabella
- **width** determina la larghezza in **pixel** o in **percentuale** rispetto alla finestra del browser
- **height** determina l'altezza in **pixel** o in **percentuale** rispetto alla finestra del browser

Ecco una tabella formattata:

```
<table border="2" bgcolor="yellow" width="100%" height="70">
   <tr><td>Hello World</td> <td>Ciao magnifico mondo</td></tr>
</table>
```

Immagine di sfondo

Anche le tabelle possono avere delle immagini di sfondo, benché spesso siano sconsigliate perché diminuiscono la leggibilità della tabella. Per inserire una immagine di sfondo devi utilizzare l'attributo **background**.

```
<table background="immagine.gif" width="100%" border="1" >
   <tr>
      <td><h2>Questa è la prima cella</h2></td>
   </tr>
</table>
```

Attributi delle celle

Come si può constatare negli esempi precedenti, le celle assumono una larghezza adattata al contenuto. Si possono però scegliere gli attributi per ogni cella.

Dimensioni e colori della cella.

- **bgcolor** serve per scegliere il colore di sfondo della cella
- **width** determina la larghezza in **pixel** o in **percentuale** rispetto alla tabella
- **height** determina l'altezza in **pixel** o in **percentuale** rispetto alla tabella

```
<table width="100%" border="1">
   <tr>
      <td bgcolor="yellow" width="30%" height="20" >Hello
World</td>
      <td width="70%" bgcolor="gray">Ciao magnifico mondo</td>
   </tr>
</table>
```

Allineamenti della cella

Il contenuto di una cella può essere allineato verticalmente e orizzontalmente.

Allineamento orizzontale (**align=**), funziona come per l'allineamento di paragrafo:

- **left** allinea a sinistra (default)
- **center** centra il testo
- **right** allinea a destra
- **justify** giustifica il testo

e **allineamento verticale** (**valign=**):

- **top** allinea in alto
- **middle** allinea al centro (default)
- **bottom** allinea in basso

Esempio (nota che **align=left** e **valign=middle** possono essere omessi!):

```
<table width="100%" height="120" border="1">
   <tr>
      <td height="30" align="left">sinistra</td>
      <td align="center">centrato</td>
      <td align="right">destra</td>
   </tr>
   <tr>
      <td valign="top" height="90" >in alto</td>
      <td valign="middle">al centro</td>
      <td valign="bottom">in basso</td>
   </tr>
</table>
```

Unisci celle

Nei Word Editor più comuni è presente una funzione che serve per **unire le celle**. Anche con l'HTML si può ottenere questo effetto, ma bisogna ragionare attentamente sulla tabella che vogliamo creare. Prendiamo delle tabelle d'esempio e cerchiamo di capire come sono composte.

Colspan

La **prima riga** è composta da due celle: **A** e **B**. Mentre la **seconda riga** è composta da una sola cella: **C**. Quindi la tabella è composta da **2 colonne** e nella seconda riga la **cella C** si espande sulle due colonne. La **cella C** dovrà quindi utilizzare l'attributo di espansione su due colonne: **colspan=2**.

```
<table width="100%" border="1" height="70">
   <tr>
      <td width="50%" align="center">A</td>
      <td width="50%" align="center">B</td>
   </tr>
   <tr>
      <td colspan=2 align="center">C</td>
   </tr>
</table>
```

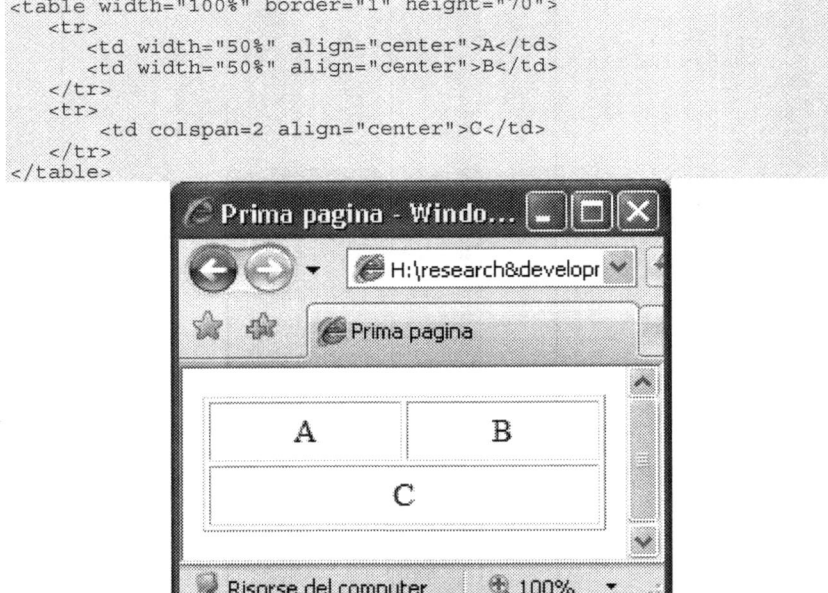

Come puoi notare nella seconda riga sono presenti una sola volta i tags per la cella **<td>C</td>**. Ma visto che ha l'attributo **colspan=2**, occupa lo spazio di un'altra possibile cella, quindi non c'è bisogno di aggiungere altri tags **<td>**.

Rowspan

La **prima riga** è composta da due celle: **A** e **B**. Ma anche la seconda è composta da due celle: **A** e **C**. Però la **cella A** si espande sulle due righe. La **cella A** dovrà quindi utilizzare l'attributo di espansione su due righe: **rowspan=2**.

```
<table width="100%" border="1" height="70">
   <tr>
      <td width="50%" rowspan=2 align="center">A</td>
      <td width="50%" align="center">B</td>
   </tr>
   <tr>
      <td align="center">C</td>
   </tr>
</table>
```

Nella seconda riga sono presenti una sola volta i tags per la cella **<td>C</td>**. Ma visto che la **cella A** con l'attributo **rowspan=2** ha occupato anche lo spazio della **prima cella della seconda riga**, bastano i tags **<td>** della **cella C** che automaticamente viene posizionata nella seconda colonna.

 Con la creazione delle tabelle è necessaria una continua nidificazione del codice. Questo implica una attenzione maggiore nella scrittura, perché se si omettono dei tags possono presentarsi problemi di strutturazione.

Tabelle dentro tabelle

Le stesse tabelle possono essere nidificate. Di seguito un esempio in cui viene nidificata la **tabella 2** all'interno della **cella C della tabella 1**.

```html
<table border="1" width="100%" height="140"
   <tr>
      <td width="50%" align="center">A1</td>
      <td width="50%" align="center">B1</td>
   </tr>
   <tr>
      <td colspan=2 align="center">
      <!--Qui inizia la seconda tabella-->
      <table border="2" bgcolor="yellow" width="80%"
height="40" >
         <tr>
            <td width="50%" rowspan=2 align="center">A2</td>
            <td width="50%" align="center">B2</td>
         </tr>
         <tr>
            <td align="center">C2</td>
         </tr>
      </table>
      <!--Qui finisce la seconda tabella-->
      </td>
   </tr>
</table>
```

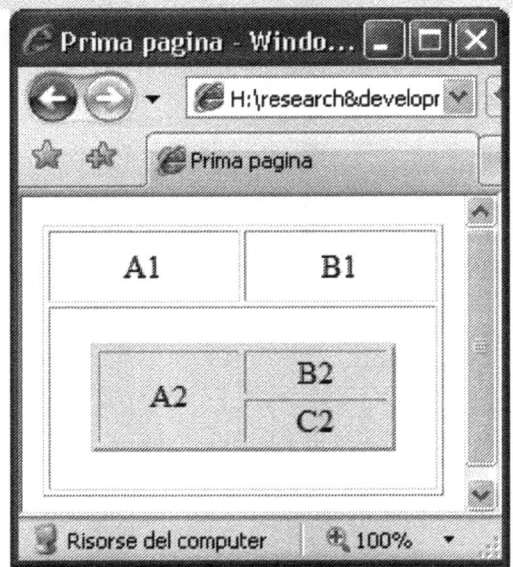

Spazi tra celle

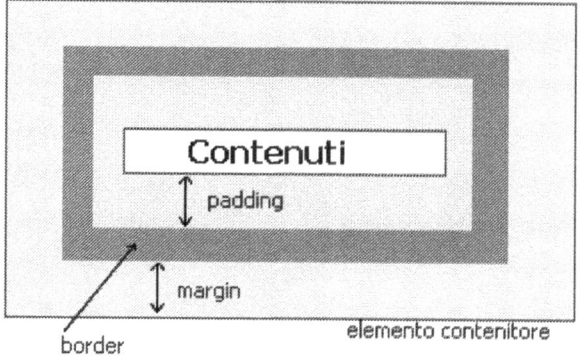

Cellpadding

Specifica la quantità di spazio vuoto lasciato tra i bordi delle celle di una tabella e il dato vero e proprio in esse contenuto, il valore per **default è 1**, quindi per tabelle più compresse si dovrà impostare cellpadding uguale a zero.

Esempio **cellpadding** a 0

```
<table cellpadding="0" border="1" >
    <tr>
        <td>Questa è la prima cella</td>
        <td>Questa è la seconda cella</td>
    </tr>
</table>
```

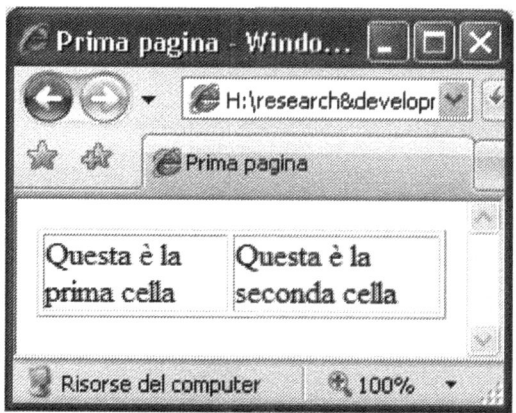

Esempio **cellpadding** a 10

```
<table cellpadding="10" border="1" >
   <tr>
      <td>Questa è la prima cella</td>
      <td>Questa è la seconda cella</td>
   </tr>
</table>
```

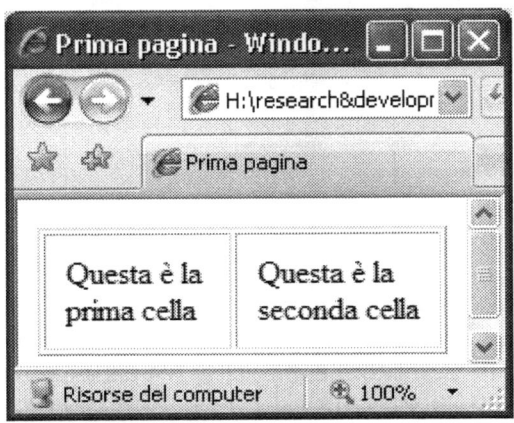

Cellspacing

Specifica la quantità di spazio vuoto da lasciare tra le singole celle di una tabella, il valore per **default è 2**, per tabelle più compresse si dovrà impostare cellspacing uguale a zero.

Esempio **cellspacing** a 0

```
<table cellspacing="0" border="1" >
   <tr>
      <td>Questa è la prima cella</td>
      <td>Questa è la seconda cella</td>
   </tr>
</table>
```

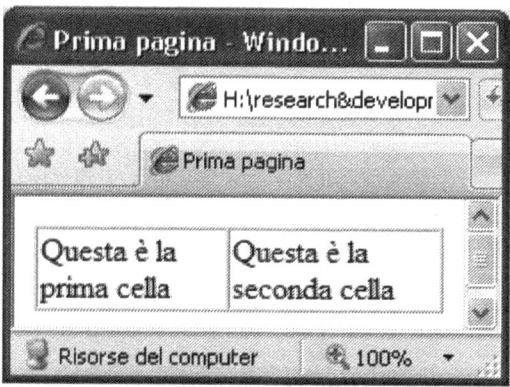

Esempio **cellspacing** a 10

```
<table cellspacing="10" border="1" >
   <tr>
      <td>Questa è la prima cella</td>
      <td>Questa è la seconda cella</td>
   </tr>
</table>
```

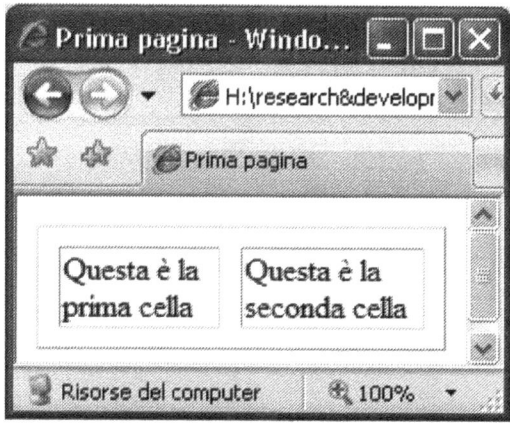

L'attributo **cellpadding** sembra avere lo stesso effetto del **border**, ma concettualmente sono due cose differenti.

Posizionamento della tabella

Una tabella può essere posizionata a destra, al centro, a sinistra. Sia che sia considerata come un testo, sia che gli venga fornito l'attributo.

Tabella in un paragrafo

```
<p align="center">
  <table border="1" ><tr><td>Questa è la mia prima
cella</td></tr></table>
</p>
```

Tabella posizionata con attributo

```
<table align="center" border="1" ><tr><td>Questa è la mia
prima cella</td></tr></table>
```

Effetto di entrambi i codici

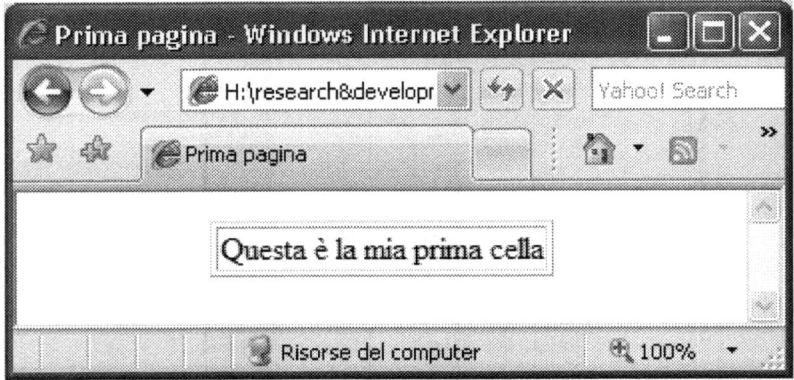

Allineamento nella cella

Il testo all'interno della cella può essere posizionato come in un paragrafo, ma l'attributo si mette direttamente all'interno dei tags **<td> </td>**

Allineamento del testo nella cella

```
<table border="1" >
   <tr>
      <td align="justify">
         Il testo all'interno di questa cella è lungo per
         permettere di vedere l'effetto giustificato del testo
in una
         cella. Per poter ottenere questo effetto come al solito
ho dovuto
         scrivere del testo, completamente inutile dal punto di
vista
         informativo, ma in questo caso assolutamente necessario
per il
         valore formativo.
      </td>
   </tr>
</table>
```

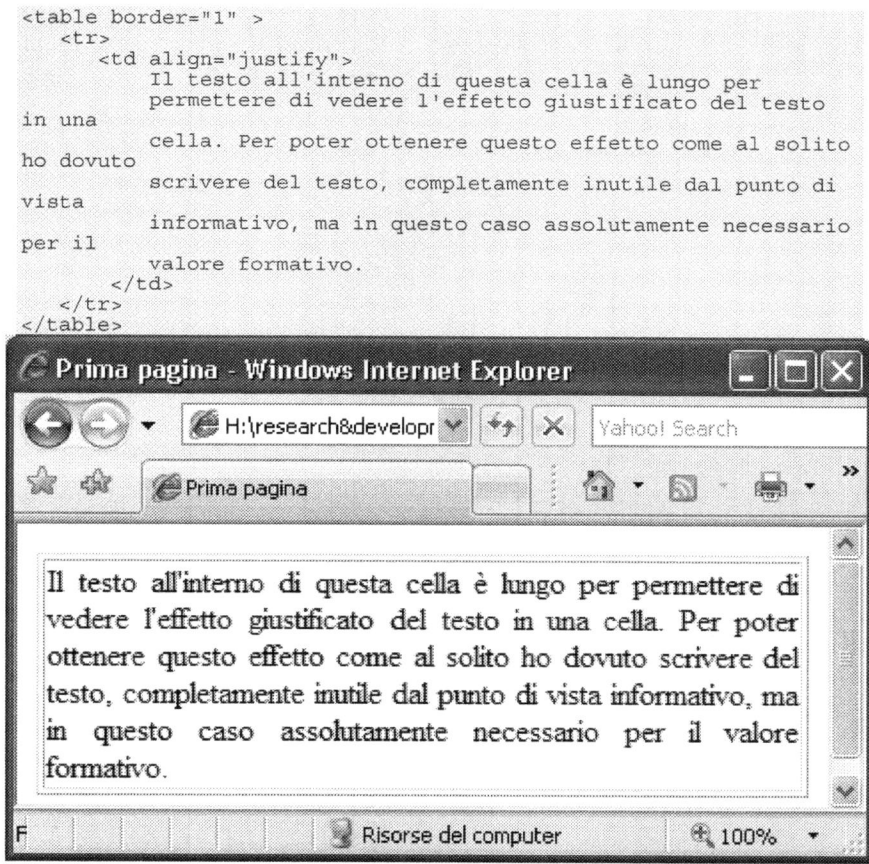

Frames

Imparali, ma non utilizzarli!

I frames possono sembrare interessanti, ma quanti siti professionali presenti in rete utilizzano i frames? Quasi nessuno.

I frames sono in effetti altamente sconsigliabili, perché poco adattabili agli standard di visualizzazione e perché fastidiosi per la navigabilità.

Cosa sono i frames?

Sono dei **riquadri**. Permettono di suddividere una medesima finestra del browser in vari riquadri indipendenti. In pratica esiste un file HTML che carica altri file HTML all'interno della stessa finestra.

Il frame dell'esempio è composto da 4 files:

1. **frame.htm** è il file contenitore, che suddivide la pagina in tre blocchi e assegna ad ogni blocco un altro file HTML
2. **sopra.htm** è il file di intestazione, dove di solito si inserisce il logo
3. **left.htm** è il file di sinistra, dove solitamente mettiamo un menù che ci permette di navigare nel sito
4. **centrale.htm** è il file principale nel quale inseriamo i contenuti

Il tag **<title>** preso in considerazione dal browser sarà solo quello del file **frame.htm**.

```
<!DOCTYPE HTML PUBLIC "-//W3C//DTD HTML 4.01 Frameset//IT"
"http://www.w3.org/TR/html4/frameset.dtd">
<html>
    <head>
```

```
        <meta http-equiv="Content-Type" content="text/html;
charset=iso-8859-1">
        <title>HTML.it</title>
    </head>
        <frameset rows="17%,*">
            <frame src="top.htm" name="intestazione">
                <frameset cols="25%,*">
                    <frame src="left.htm" name="menu">
                    <frame src="centrale.htm" name="centrale">
                </frameset>

                <noframes>
                        <p>Qui può essere indicato il link a<a
href="senzaFrame.htm"> una versione del sito</a> che non utilizzi un
layout a frame</p>
                </noframes>
            </frameset>
</html>
```

Come avrai notato cambiano alcune cose.

Innanzitutto cambia il **doctype**, cioè il tipo di documento, che specifica le caratteristiche del **frame**.

```
<!DOCTYPE HTML PUBLIC "-//W3C//DTD HTML 4.01 Frameset//IT"
"http://www.w3.org/TR/html4/frameset.dtd">
```

Poi scompare il tag **<body>**, al suo posto si usa il tag del **<frameset>**

Il tag **<frameset>** ha fondamentalmente due attributi:

- **rows** che permette di specificare il numero e la grandezza delle righe; nel caso in cui venga omesso, significa che ci troviamo di fronte a una struttura a colonne

```
<rows="17%,*">
```

- **cols** che permette di specificare il numero e la grandezza delle colonne e, nel caso in cui venga omesso, significa che ci troviamo di fronte una struttura a righe

```
<cols="25%,*">
```

Nell'indicare la grandezza di ciascuna riga (o colonna) puoi lasciare che una o più righe si auto-dimensionino, occupando tutto lo spazio che rimane, in questo caso devi utilizzare l'asterisco (*wild card*); normalmente invece devi esprimere la grandezza dei riquadri secondo uno dei seguenti sistemi di misura (da scegliere a nostra discrezione):

- **dimensione fissa** espressa in pixel (es. *rows="50,*"*)

- **dimensione percentuale** espressa in percentuale (es. *rows="50%,50%"*)

- **ripartizione proporzionale** (es. *rows="1*,3*"*, l'altezza viene suddivisa in 4 parti (1 3); la prima riga ne occupa 1 parte e la seconda riga ne occupa 3)

Una volta creata la nostra griglia con il tag **<frameset>**, incrociando le righe e le colonne, devi specificare dove si trova il file di origine di ciascun frame, con la sintassi:

```
<frame src="centrale.htm">
```

Attributi di frames e framset

Name

Nota che nel codice dove appare il percorso del *frame* viene anche specificato un attributo **name**. Questo attributo è fondamentale per poter specificare al link in quale *frame* deve aprire la pagina.

```
<frame src="left.htm" name="menu">
<frame src="centrale.htm" name="centrale">
```

Frameborder

L'attributo **frameborder** (di default impostato a **"yes"**) permette di specificare se nel frameset devono essere presenti i bordi.

```
<frameset frameborder="no" cols="25%,75%">
```

Framespacing

L'attributo **framespacing** funziona solo con Internet Explorer e permette di impostare lo spazio tra un *frame* e l'altro. Di fatto equivale all'attributo *border*, che permette di specificare lo spessore dei bordi in pixel. Per mantenere la compatibilità con Internet Explorer 4 (che non legge l'attributo *border*), di solito si specificano sia il **framespacing**, sia il **border**.

```
<frameset framespacing="20" border="20" cols="25%,75%">
```

Bordercolor

L'attributo **bordercolor** permette di specificare il colore dei bordi del *frameset*.

```
<frameset border="10" framespacing="10" bordercolor="#FF0000"
cols="25%,75%">
```

Scrolling

L'attributo **scrolling** (di default impostato a "**yes**") indica se si vuol consentire all'utente di poter scorrere il *frame* oppure no. Nel caso sia impostato a "**no**", il *frame* non ha la barra di scorrimento anche nel caso in cui il contenuto della pagina HTML vada oltre la cornice.

L'attributo **scrolling** può anche essere impostato ad "**auto**". In questo caso la barra di scorrimento compare in automatico, ma solo se necessario.

```
<frame src="centrale.htm" scrolling="no">
<frame src="centrale.htm" scrolling="auto">
```

Noresize

L'attributo **noresize** impedisce al singolo frame di essere ridimensionato. Se usato in unione con **scrolling="no"**, di fatto "blocca" il contenuto del *frame*. Un uso maldestro di questa tecnica potrebbe però impedire all'utente la corretta visualizzazione dei contenuti.

```
<frame src="centrale.htm" noresize>
<frame src="centrale.htm" scrolling="auto" noresize>
```

Frameborder

L'attributo **frameborder** consente di far apparire o meno i bordi del frame (i valori ammessi sono "**0**" e "**1**", oppure "**no**" e "**yes**"). Se **frameborder** è impostato a "**0**" i bordi non sono visibili.

Attenzione però a come impostate i bordi nei vari *frame*, dal momento che i bordi di *frame* adiacenti non sempre vanno d'accordo (provate!). Questo attributo permette di specificare un valore differente da quello impostato nell'attributo **frameborder** del tag **<frameset>**

```
<frame src="centrale.htm" frameborder="0">
```

Marginheight & marginwidth

Gli attributi *marginheight* e *marginwidth* permettono di impostare la distanza verticale (**marginheigth**) e orizzontale (**marginwidth**) tra i bordi del *frame* e il suo contenuto.

```
<frame src="centrale.htm" marginwidth="50" marginheight="50">
```

Target dei link

In una struttura a frames può apparire difficile caricare il contenuto di un link nella sezione appropriata. Grazie all'attributo **target** possiamo specificare qual'è la destinazione del link; con questa sintassi siamo dunque in grado di caricare il contenuto di un collegamento nel riquadro che riteniamo più opportuno.

_blank

Apre il link in una nuova finestra, senza nome.

```
<a href="nuovapagina.htm" target="_blank">
```

_self

Apre il link nel frame stesso (è così di *default*).

```
<a href="nuovapagina.htm" target="_self">
```

_top

Il documento viene caricato nella finestra originale, cancellando ogni struttura a frame.

```
<a href="nuovapagina.htm" target="_top">
```

Nome specifico

Se ho chiamato il *frame* principale di un *framset*: **centrale**, allora il link di esempio, dovunque sia posizionato (es, nel file **left.htm** del menu), caricherà la pagina nel *frame* **centrale**.

```
<a href="nuovapagina.htm" target="centrale">
```

Metatags

I meta-tags sono una parte fondamentale in un sito Web. Pur non essendo visibili a livello grafico, consentono una migliore indicizzazione nei **motori di ricerca**.

I motori di ricerca

Un motore di ricerca è un sistema automatico che analizza un insieme di dati spesso da lui stesso raccolti e restituisce un indice dei contenuti disponibili classificandoli in base a formule matematiche che ne indichino il grado di rilevanza, data una determinata chiave di ricerca. Sul web il motore di ricerca attualmente più utilizzato, su scala mondiale (con un indice che supera gli 8 miliardi di pagine), è **Google**.

> I motori di ricerca utilizzano dei programmi detti **crawler** (o **spider** o **robot**), che si occupano di visitare automaticamente i siti e catalogarne i dati. Le prime cose che analizzano i crawler in una pagina sono i meta-tags; quindi per essere ben posizionati nei motori di ricerca bisogna utilizzarli bene.

Anche il tag **<title>** deve essere ben studiato per permettere ai motori di ricerca di trovarci velocemente. Questo non è però un meta-tag, infatti il contenuto di *title* apparirà nella **barra del titolo**. Attenzione: i contenuti di **<title>** e **<meta>** non possono essere formattati. Inserite solo del testo semplice: non formattato con i tags HTML.

Non tutti i meta-tags sono legati ai motori di ricerca: ne esistono altri che permettono di impostare cookies, cambiare pagina o aggiornare la stessa dopo un tot di secondi, inserire effetti grafici all'entrata o all'uscita dalla pagina, stabilire il copyright e altro ancora...

Innanzitutto bisogna indicare la posizione in cui vanno inseriti i meta-tags. È importante che essi siano presenti tra i tags **<head>** e **</head>**.

Title

Unico meta-tag con chiusura definisce il titolo che apparirà sulla *barra del titolo* nella finestra del browser

```
<title>Il nome della mia pagina</title>
```

Description

Specifica una breve descrizione del sito che non deve avere più di 300 caratteri. Questo riassunto dei contenuti del sito verrà utilizzato dai motori di ricerca per indicizzare[15] il sito.

```
<META NAME="description" CONTENT="Descrizione del documento">
```

Keywords

In questo meta-tag vanno inserite le principali parole chiave degli argomenti trattati dal sito separate una dall'altra con una virgola. È indispensabile utilizzare solo le parole adatte.

---

[15] operazione che si effettua su una tabella o su un database per rendere più veloci ed efficienti le ricerche dei dati.

```
<META NAME="keywords" CONTENT="Parola,chiave">
```

Language

Indica la lingua usata nel documento. Si possono mettere tra le virgolette più lingue, esempio: "it,eng,fr".

```
<META name="language" content="it">
```

Author

Specifica l'autore materiale della pagina.

```
<META name="AUTHOR" content="Nome e cognome autore">
```

Copyright

Specifica chi è il detentore dei diritti d'autore dei contenuti pubblicati nella pagina HTML.

```
<META NAME="copyright" CONTENT="Copyritght.Autore.1998">
```

Transizioni di pagina

Esiste un altro meta-tag che solo sul browser Internet Explorer permette di ottenere effetti in entrata o in uscita di pagina. Il suo utilizzo può però rendere faticosa la lettura di un sito!

```
<meta http-equiv="Page"
content="revealTrans(Duration=x,Transition=x)">
```

Per ottenere un effetto in entrata di pagina, bisogna sostituire la dicitura **Page** con **Page-Enter**, mentre per l'uscita di pagina si utilizza **Page-Exit**. Nel meta-tag si può anche impostare la durata (**Duration**) e il tipo (**Transition**) di animazione. La durata va espressa in secondi, quindi per un effetto di 3 secondi si digita **Duration=3**. I tipi di transizione sono molti. Puoi cercare il tuo preferito impostando **Transition** su un valore a caso, per esempio **Transition=9**.

Altri meta-tags

Expires

Indica al browser quando il documento dovrà essere cancellato. La data va inserita nel formato Gmt, e quindi giorno, mese, anno e ora. Il tutto in inglese.

```
<META HTTP-EQUIV="expires" CONTENT="Sun, 01 Jan 2000 01:10:00 GMT">
```

Set-cookie

Imposta un cookie con la data di scadenza (sempre in formato Gmt e in inglese).

```
<META HTTP-EQUIV="Set-Cookie" CON-
TENT="cookievalue=xxx;expires=Sunday, 01-Jan-00 01:10:00 GMT;
path=/">
```

I biscottini

I **cookies** (letteralmente "biscottini") sono piccoli file di testo che i siti web utilizzano per immagazzinare alcune informazioni nel computer dell'utente. I cookie sono inviati dal sito web e memorizzati sul computer. Sono quindi re-inviati al sito web al momento delle visite successive. Le informazioni all'interno dei cookie sono spesso codificate e non comprensibili. Furono inventati all'inizio degli anni 90 da **Lou Montulli** (responsabile anche per il Web proxying, il tag blank, l'incorporazione delle gif animate nel web), impiegato della Netscape Communications. I **cookies** sono chiamati così, non per i biscottini cinesi con dentro una sorpresa (come qualche leggenda del web afferma), ma per il termine *"magic cookie"*, un piccolo pacchetto di dati scambiato fra due computer comunicanti, usato dai programmatori Unix.

Refresh

Aggiorna una pagina dopo i secondi stabiliti nell'attributo **content**.

```
<META http-equiv="REFRESH" content="5">
```

Per far sì che dopo i secondi stabiliti il visitatore venga mandato su una nuova pagina il codice da usare è:

```
<META http-equiv="REFRESH" content="5; url=pagina.htm">
```

Reply-to

Indica l'indirizzo email da utilizzare per contattare gli autori materiali della pagina.

```
<META name="reply-to" content="indirizzo email autore">
```

Dc.title

Specifica il titolo al documento. A differenza di **<title></title>** non attribuisce un nome alla finestra aperta e quindi non apparirà nel browser.

```
<META NAME="DC.Title" CONTENT="Titolo">
```

Robots

Questo meta-tag permette ai *robots* dei motori di ricerca di indicizzare o meno il documento. I valori sono:

- **index** la pagina viene indicizzata
- **noindex** la pagina non viene indicizzata
- **follow** le pagine linkate al documento in questione vengono indicizzate
- **nofollow** le pagine linkate al documento in questione non vengono indicizzate

```
<META NAME="robots" CONTENT="index/noindex/follow/nofollow">
```

Revisit-after

Invita il robot del motore di ricerca a ritornare ed indicizzare la pagina nel periodo impostato nell'attributo **content** (in questo caso 15 giorni).

```
<META NAME="revisit-after" CONTENT="15 days">
```

Generator

Specifica l'editor utilizzato per creare il documento.

```
<META NAME=GENERATOR CONTENT="Blocco Note">
```

Caratteri speciali

Una serie di caratteri non possono essere usati con HTML, perché fondamentali per la scrittura dei codici. Come fare allora per scrivere su una pagina i simboli speciali? Bisogna utilizzare il codice relativo.

spazio		&Atilde;	Ã	&Iacute;	Í	&Otilde;	Õ
&raquo;	»	&atilde;	ã	&iacute;	í	&otilde;	õ
&laquo;	«	&Aring;	Å	&Igrave;	Ì	&Oslash;	Ø

&copy;	©	&aring;	å	&igrave;	ì	&oslash;	ø
&reg;	®	&AElig;	Æ	&Icirc;	Î	&szlig;	ß
&trade;	™	&aelig;	æ	&icirc;	î	&THORN;	Þ
&quot;	"	&Ccedil;	Ç	&Iuml;	Ï	&thorn;	þ
&amp;	&	&ccedil;	ç	&iuml;	ï	&Uacute;	Ú
&lt;	<	&ETH;	Ð	&Ntilde;	Ñ	&uacute;	ú
&gt;	>	&eth;	ð	&ntilde;	ñ	&Ugrave;	Ù
&Aacute;	Á	&Eacute;	É	&Oacute;	Ó	&ugrave;	ù
&aacute;	á	&eacute;	é	&oacute;	ó	&Ucirc;	Û
&Agrave;	À	&Egrave;	È	&Ograve;	Ò	&ucirc;	û
&agrave;	à	&egrave;	è	&ograve;	ò	&Uuml;	Ü
&Acirc;	Â	&Ecirc;	Ê	&Ocirc;	Ô	&uuml;	ü
&acirc;	â	&ecirc;	ê	&ocirc;	ô	&Yacute;	Ý
&Auml;	Ä	&Euml;	Ë	&Ouml;	Ö	&yacute;	ý
&auml;	ä	&euml;	ë	&ouml;	ö	&yuml;	ÿ

La pagina

Ti sarai ormai chiesto: Come **faccio a scegliere un colore di sfondo per la pagina?**

La pagina può avere un colore di sfondo, ma anche una immagine di sfondo.

Entrambe le cose si possono fare grazie agli attributi del tag **body**.

Colore di sfondo

Per inserire un colore di sfondo bisogna aggiungere al tag **body** l'attributo **bgcolor** che sta per *background-color* (colore di sfondo).

Per dare un colore blu scuro alla pagina:

```
<body bgcolor="navy">
```

Immagine di sfondo

Per inserire una immagine di sfondo bisogna aggiungere al tag **body** l'attributo **background** (sfondo).

Per inserire l'immagine sfondo

```
<body background="sfondo.gif">
```

Immagine che può essere usata come sfondo

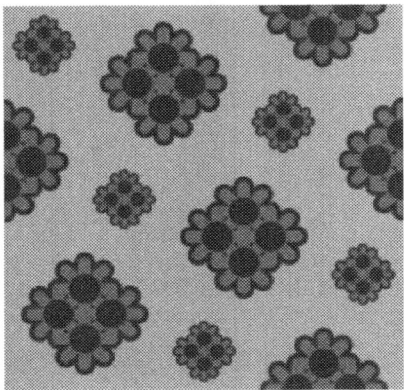

Immagini pattern
Le immagini da utilizzare come sfondo devono essere **patterns** (*immagini ripetitive*) abbastanza leggeri. I pattern sono immagini che se ripetute in orizzontale e in verticale generano un'immagine che dà continuità, quello che viene anche definito in grafica *seamless texture* o *seamless tile*.

Immagine ripetuta

Evita di usare per lo sfondo della pagina immagini troppo pesanti, altrimenti il testo della pagina risulterebbe di difficile lettura.

Copia dai migliori: nessuna immagine di sfondo

Non inventare niente di nuovo, ma naviga in rete e guarda i siti più belli. Ormai da tempo si evita di inserire delle immagini di sfondo perché caricano troppo la pagina, sono di difficile lettura e, diciamolo, un po' pacchiane. Cerca di puntare sui contenuti.

III PARTE:
LA PROGETTAZIONE

Layout: il contenitore

Le tabelle possono essere utilizzate in maniera intelligente per creare dei layout di pagina. Lo stesso layout di queste pagine è creato grazie a delle tabelle.

Ecco alcuni esempi di layout creati con le tabelle.

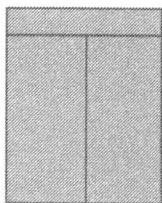 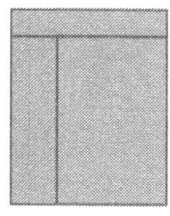 

I layout possono essere poi formattati con i fogli di stile CSS e permettono di creare un sito con una grafica omogenea.

Ecco un esempio di layout

```
<html>
    <head>
        <title> Titolo (appare sulla barra del titolo) </title>
    </head>
    <body>
        <table width="760" height="100%" align=center>
            <tr>
                <td class="header" colspan"2">Logo</td>
            </tr>
            <tr>
                <td class="menu" width="150">Menù</td>
                <td class="contenuti">Contenuto</td>
            </tr>
            <tr>
                <td class="footer" colspan"2">Creato da Daniele Rossi</td>
            </tr>
        </table>
    </body>
</html>
```

Le classi inserite permettono di formattarlo con il foglio di stile presentati nel capitolo IV (che deve essere inserito nei tags **head**).

Template

La grafica di un sito viene anche chiamata **template**, in rete esistono numerosi siti che distribuiscono gratuitamente *templates* professionali.
Per approfondimenti guarda la **parte IV: risorse**

Organizzazione del contenuto

Quello che abbiamo visto fino ora permette *tecnicamente* di costruire un sito. In realtà però, una volta che si conoscono gli strumenti di base, bisogna imparare a *progettare* un sito web. Non si dovrebbe mai iniziare a scrivere un codice html, senza sapere quello che si vuole ottenere. È fondamentale saper organizzare i propri contenuti prima di creare le pagine web. Bisogna imparare a strutturare ogni informazione che vogliamo mettere a disposizione.

Esempi[16]:

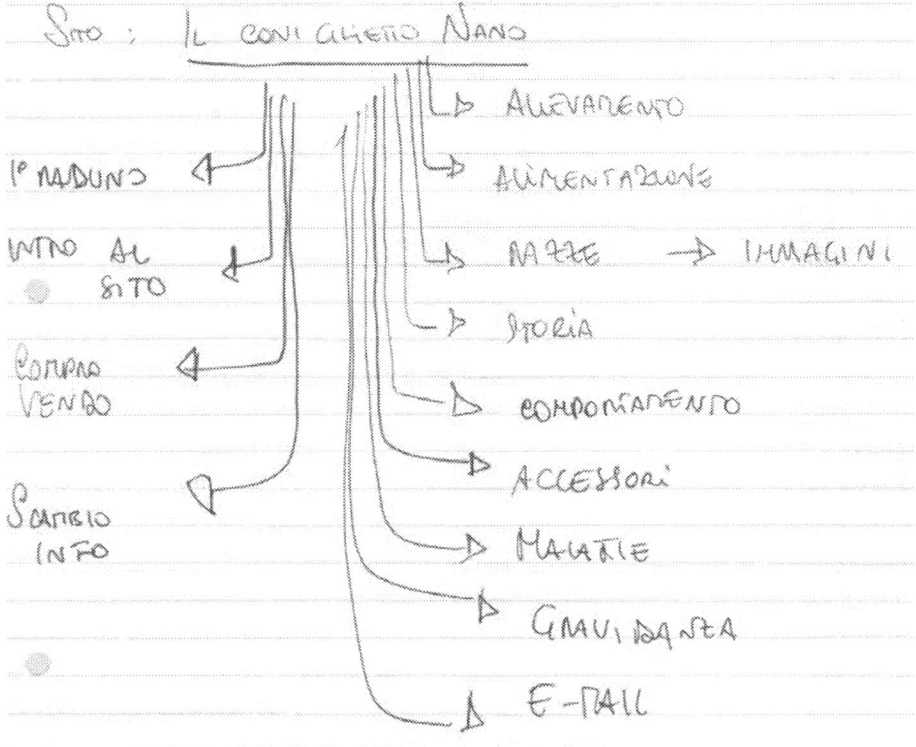

---

[16] Tutti gli esempi riportati in questi paragrafi sono stati sviluppati dagli studenti dei corsi di ifnromatica della Facoltà di Lettere e filosofia dell'Università di Sassari (Paola Tonnicchi, Maria Elena Diana, Giusy Carta, Giovanna Napoli, Francesca Salaris, Cecilia Mariani, Stefania Piu)

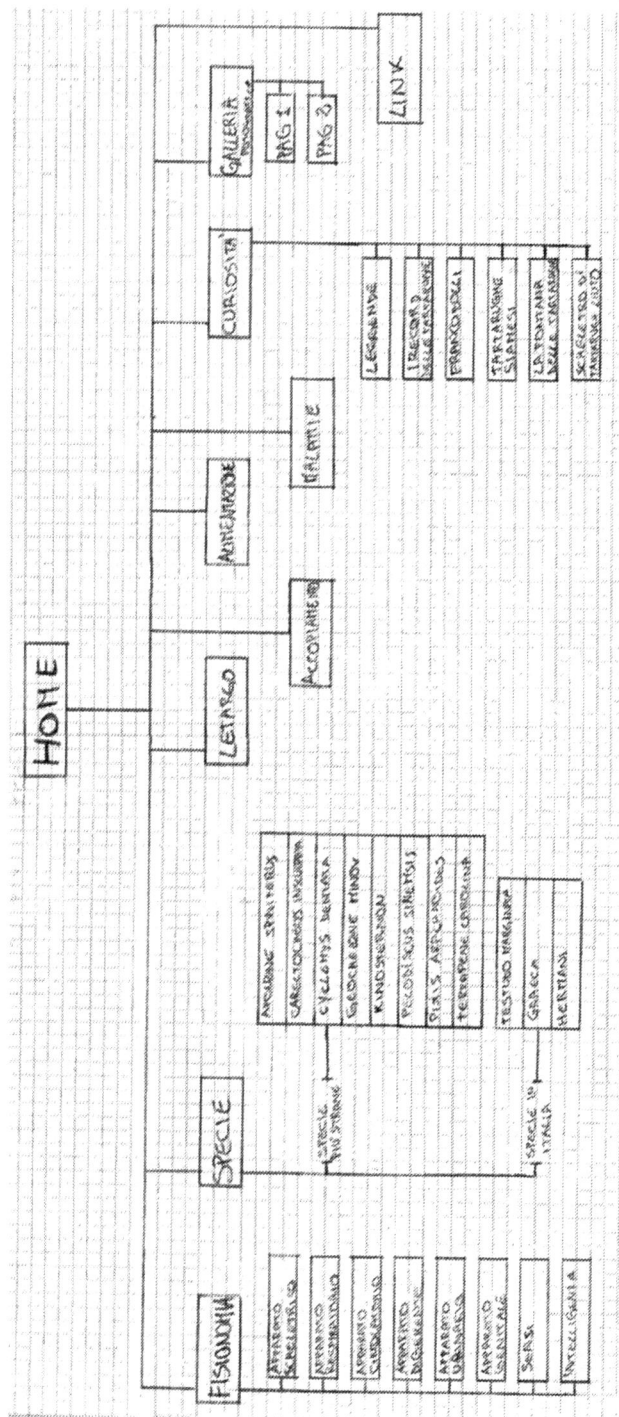

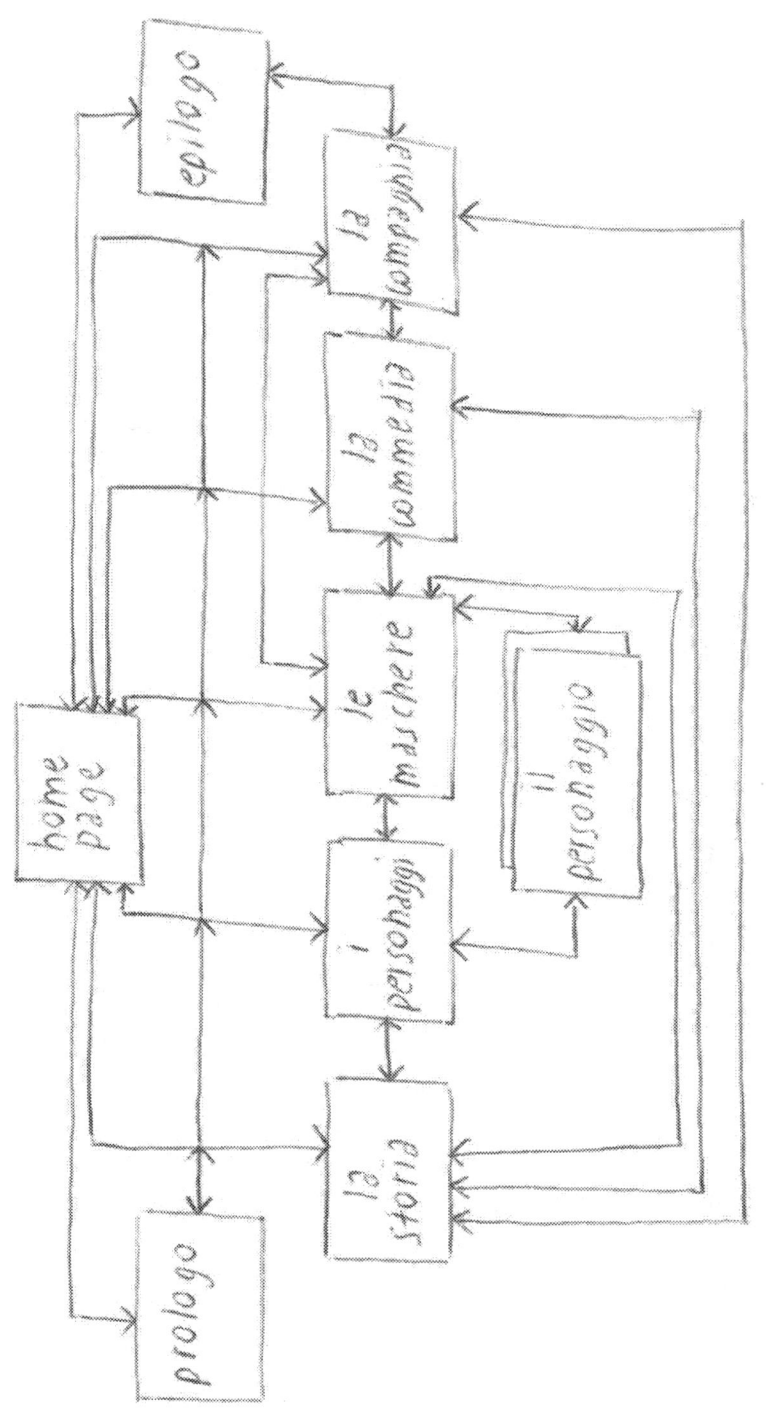

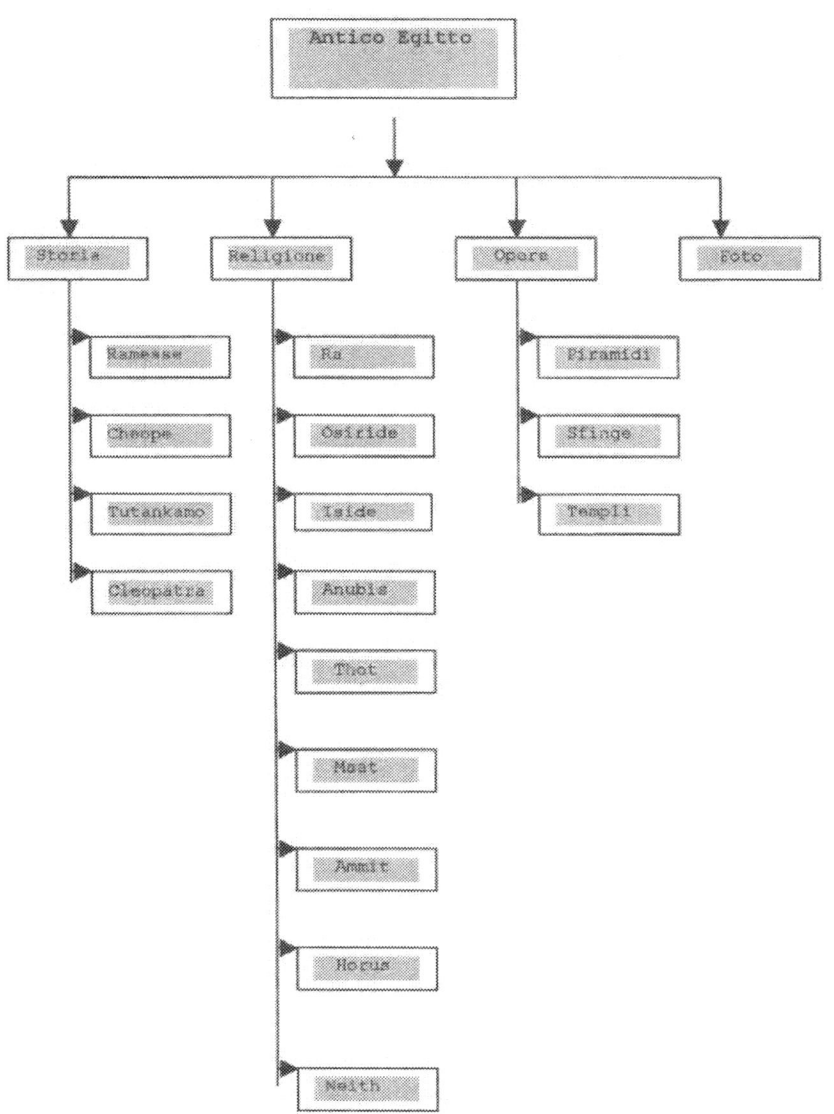

Tecnica dello storyboard

Lo **storyboard** è utilizzato nel cinema per visualizzare la sceneggiatura e scegliere il tipo di inquadratura. Questa tecnica permette ai registi di **risparmiare tempo e denaro**. Molti creatori di siti web adottano un sistema simile, cercando di capire da subito come verrà realizzato il sito, in maniera da poter lavorare più speditamente in seguito.

In uno storyboard per il web:

- si organizza il contenuto
- si identificano le pagine che si vogliono creare (descrivendo anche i nomi dei file)
- si sceglie lo stile
- si raccoglie il materiale necessario (foto, testi, suoni)
- si decidono i collegamenti facendo attenzione alla navigabilità
- si inizia a lavorare sul codice

Queste fasi vengono spesso sottovalutate, ma sono di enorme importanza affinché il lavoro sia **pulito** e **coerente**.

Può risultare utile creare anche delle bozze della pagina per vedere come sarà il risultato finale.

Nelle bozze si possono inserire i colori, il menù, ecc.

In seguito alcuni esempi di storyboard con le bozze della pagine.

(Naturalmente gli esempi sono solo indicativi, servono solo per far capire come si possono sviluppare le bozze di un sito).

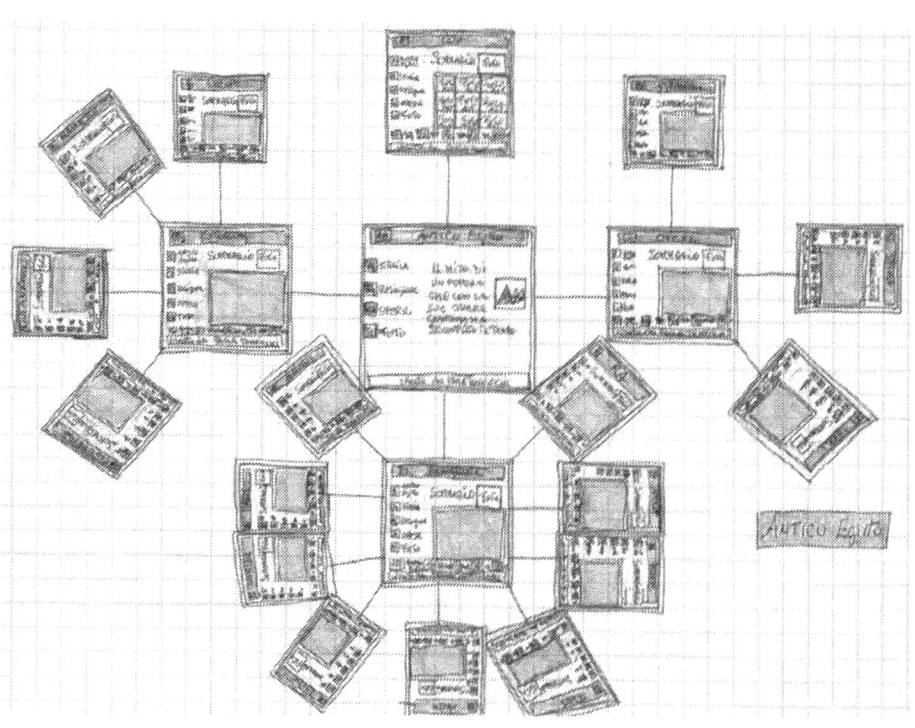

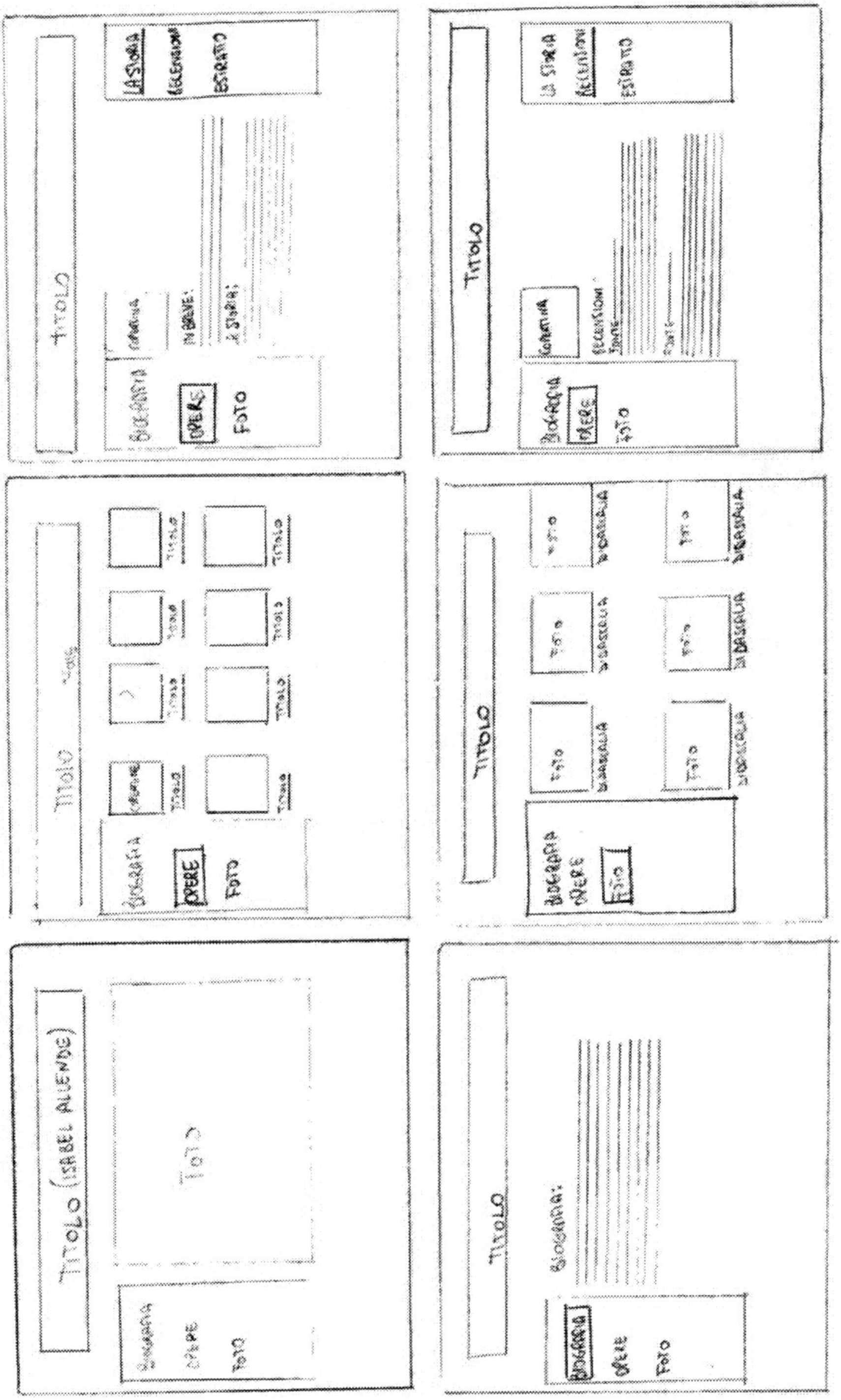
TITOLO (ISABEL ALLENDE)
FOTO
BIOGRAFIA
OPERE
FOTO
TITOLO

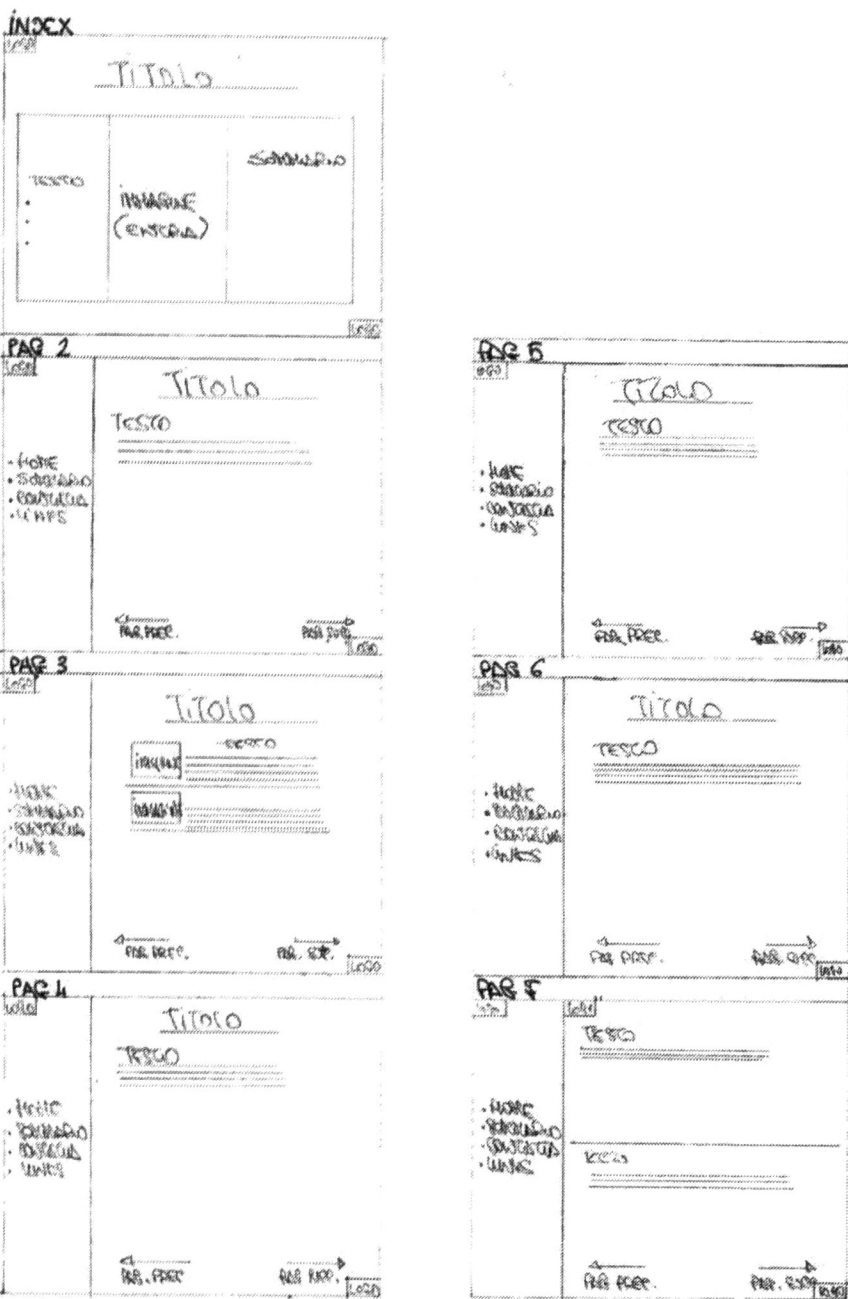

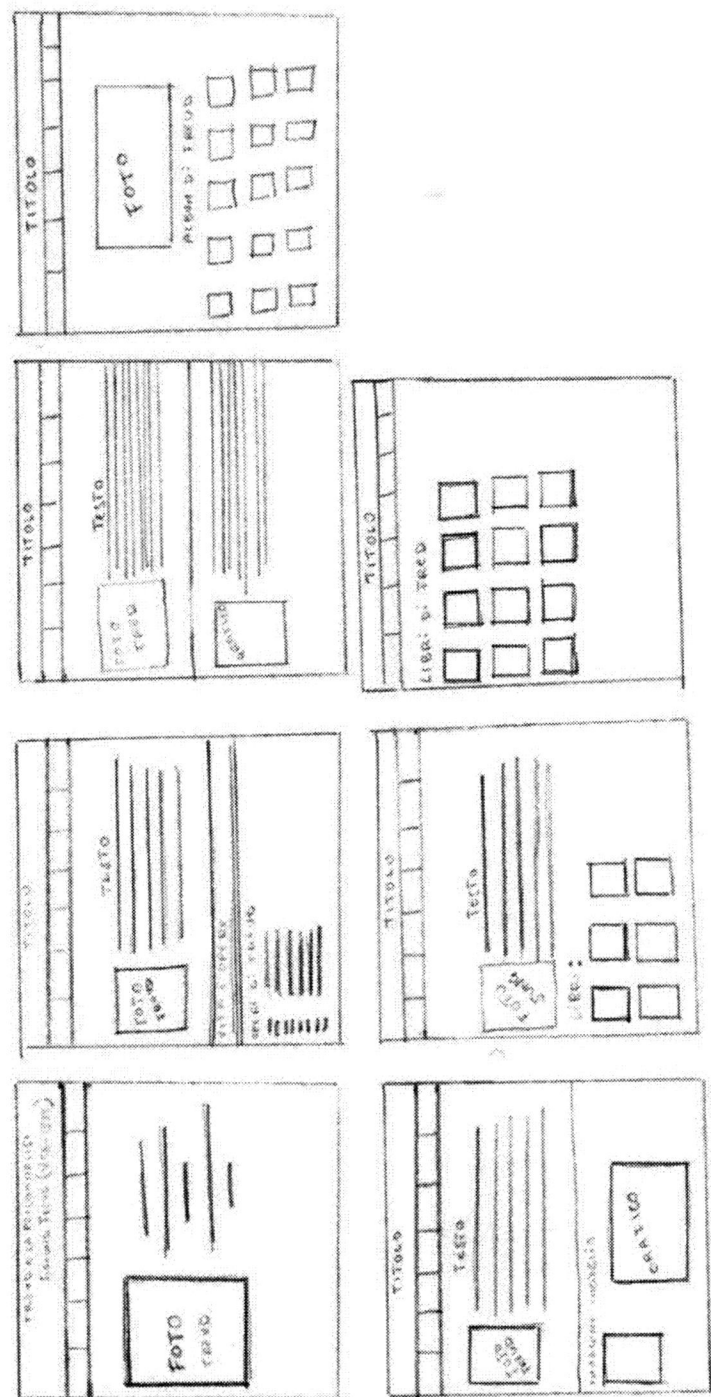

Strutture

Esistono molti tipi di struttura che possono essere applicati ad un sito web: **rizomatica**, **lineare**, **gerarchica**, **tassonomica**, ecc.

Per ora l'obiettivo è creare una struttura **navigabile**.

Si possono rispettare alcune regole:

- la struttura organizzativa dei contenuti deve essere chiara;
- da ogni pagina devo sempre poter tornare alla pagina principale;
- se mi trovo in una sotto sezione devo poter tornare alla sezione superiore.

P.O.T.A.C.

Esistono numerose fasi di test quando si sviluppa un sito. Per semplificare il lavoro, io propongo il test **POTAC** (o **SOSNA** – *Set, Observe, Shut up, Note down, Adjust*): un metodo pragmatico (in soli 5 punti) per vedere se il tuo sito è ben costruito:

1. **Prepara**. Invita un tuo conoscente, che non usa bene il computer, a navigare sul tuo sito.
2. **Osserva**. Posizionati dietro di lui e non dirgli cosa fare, ma guarda quello che fa.
3. **Taci**. Se tu intervieni rovini il test, perché tu hai fatto il sito e sai come funziona, ma una volta in rete non potrai suggerire a chiunque visiti il tuo sito cosa fare: gli utenti. devono navigare senza aver dubbi.
4. **Annota**. Osserva attentamente quello che fa il tuo amico e annota tutte le difficoltà di navigazione che lui trova.
5. **Correggi.** Rimettiti a lavoro e migliora il sito.

Comunemente chi fa un lavoro è restio ad accettare critiche. Se vuoi migliorare, metti da parte l'orgoglio e accetta qualsiasi osservazione. Quando arriverai a fare un bel sito nessuno ti dirà: "che bel sito!". Il tuo sito sarà bello quando le osservazioni degli altri saranno ridotte al minimo.

Questa è la dura legge di chi fa siti.

Oggi il sito più visto è Google. Nessuno dice che Google è un bel sito, ma tutti lo usano!

IV PARTE:
STILE

L'HTML è facile, ma anche molto limitato. Infatti non ci permette di fare la separazione tra

- stile
- contenuti
- struttura

Questa separazione è molto importante perché permette di modificare, per esempio, lo stile senza dover intervenire nei file in cui sono presenti i contenuti. Questo concetto è stato introdotto dalla filosofia SGML che più tardi ha permesso di sviluppare un linguaggio semantico molto di moda oggi: XML.

In questo capitolo verranno presentate alcune basi sui CSS che ti permetteranno di separare lo stile da struttura e contenuto.

Nella parte dedicata agli stili non ci sono esercizi, ma ogni volta che vedi un codice provalo: è l'unica maniera di fare pratica!

In questa parte sono presentati i principali attributi per i selettori, e la creazione di classi. Non vengono volutamente introdotti gli identificativi (ID), ma chiunque voglia approfondire troverà il materiale in rete.

Cosa sono i fogli di stile?

Immagina di aver creato un sito di 150 pagine e di voler modificare il colore di sfondo delle pagine. Lavorando con il solo HTML saresti costretto ad aprire tutte le 150 pagine e a cambiare in ognuna di queste l'attributo **bgcolor** del tag **body**. Un lavoro non difficile, ma lungo e ripetitivo, con alta probabilità d'errore (potresti dimenticarti di modificare alcune pagine).

I CSS (Cascading Style Sheet) ti permettono di scegliere il colore delle pagine di tutto il sito una sola volta. In questo modo il lavoro di modifica dello stile sarà veloce ed efficace.

L'acronimo inglese **Cascading Style Sheet** si traduce letteralmente con **Fogli di stile a cascata** (o solo **Fogli di stile**). In realtà il termine **Cascading** ("a cascata") si riferisce ad una delle caratteristiche principali di questa tecnologia, grazie alla quale è possibile integrare in un documento diversi CSS, ognuno dei quali prevale su un altro grazie a specifiche regole gerarchiche.

È stata la Microsoft ad introdurli per prima nel proprio browser[17]. Dopo qualche tempo e dopo il riconoscimento ufficiale da parte del W3C[18], tutti i browser hanno supportato quasi completamente i fogli di stile[19].

Come funzionano i CSS?

Per cercare di comprendere come funzionano i fogli di stile immagina di avere in un file **prova.htm** del testo e in un file separato **miostile.css** le regole di formattazione.

Nel file **prova.html** è presente una riga che indirizza al file **miostile**.css. Il file **miostile.css** formatta il file **prova.htm**.

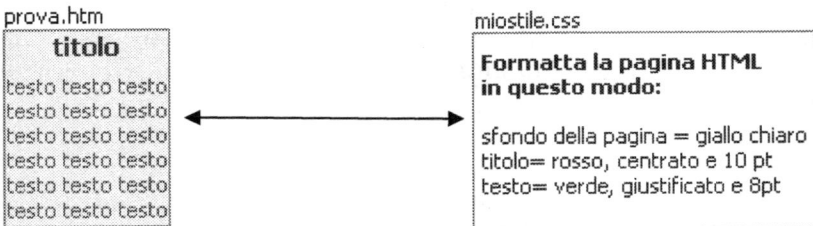

L'esempio mostra l'utilizzo di un **foglio di stile esterno**, ed è proprio in questa modalità che si riscontrano i maggiori vantaggi nell'utilizzo dei CSS.

Se abbiamo un sito con più pagine la formattazione avverrà sempre grazie allo stesso foglio di stile.

---

[17] Introdotti nel browser Internet Explorer 3 furono subito dopo integrati anche dal browser concorrente Netscape Navigator 4.

[18] Il W3C (World Wide Web Consortium) ha pubblicato due raccomandazioni pubbliche per l'utilizzo dei fogli di stile: il **CSS1**, e **CSS2**. Per ulteriori approfondimenti consultare il sito ufficiale www.w3c.org

[19] In realtà c'è stata una dura lotta principalmente tra MS Internet Explorer e Netscape Navigator per cercare di affermare le proprie specifiche per i fogli di stile come *standard de facto*. Infatti attualmente si utilizzano delle specifiche tabelle comparative che indicano in quali browser e in quali *release* le regole CSS funzionano correttamente.

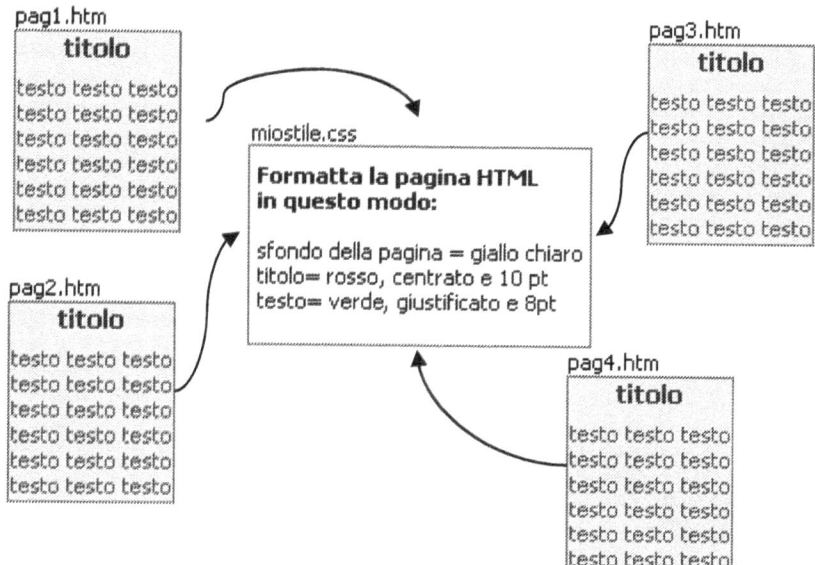

Il che significa che se noi modifichiamo solo il foglio di stile **miostile.css**, in tutte le pagine verrà modificato lo stile. Nell'esempio che segue è stato modificato il foglio di stile e l'effetto si vedrà sulle pagine html.

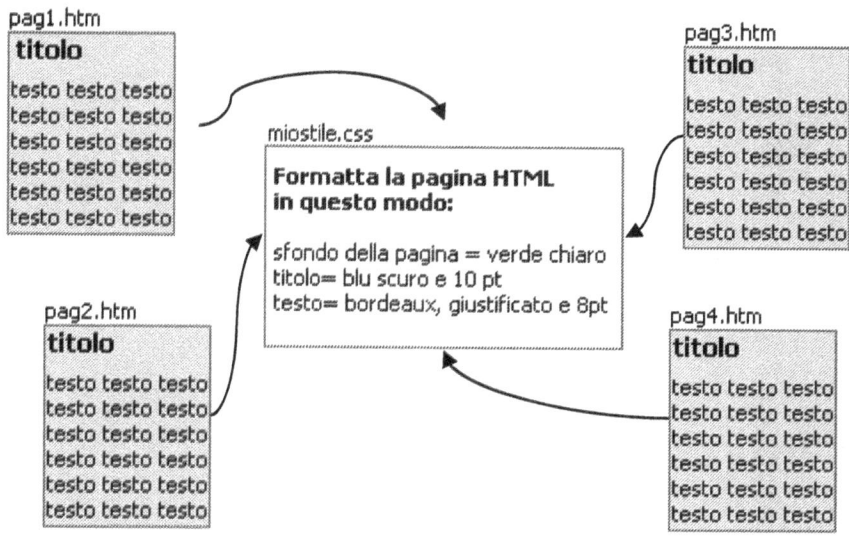

 Cache.
È la posizione in cui vengono memorizzate le pagine Web visitate, che ne consente una più rapida visualizzazione in futuro. Ciascun browser dispone di una propria cache sul disco rigido.

Utilizzare i CSS esterni è utile anche per un motivo di velocità. Infatti una volta scaricato nella *cache* del computer client viene riletto **in locale**, quindi senza bisogno di scaricare nuovamente il file del formato. Questo permette di risparmiare tempo e rendere più veloce il sito.

Funzione del foglio di stile (chiamata della pagina **index.htm**)

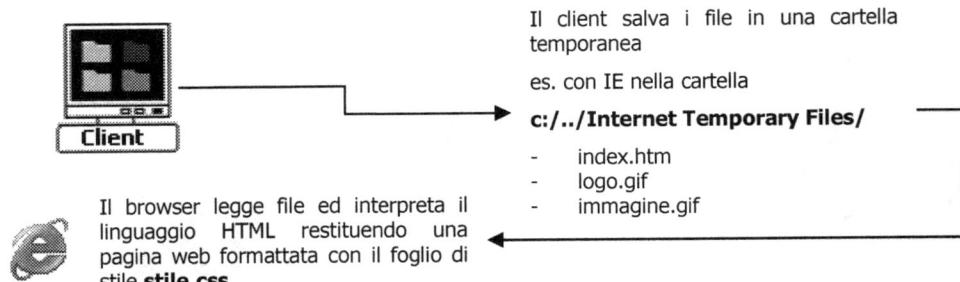

Il client salva i file in una cartella temporanea

es. con IE nella cartella

c:/../Internet Temporary Files/

- index.htm
- logo.gif
- immagine.gif

Il browser legge file ed interpreta il linguaggio HTML restituendo una pagina web formattata con il foglio di stile **stile.css**.

Funzione del foglio di stile (chiamata della pagina **pag2.htm**)

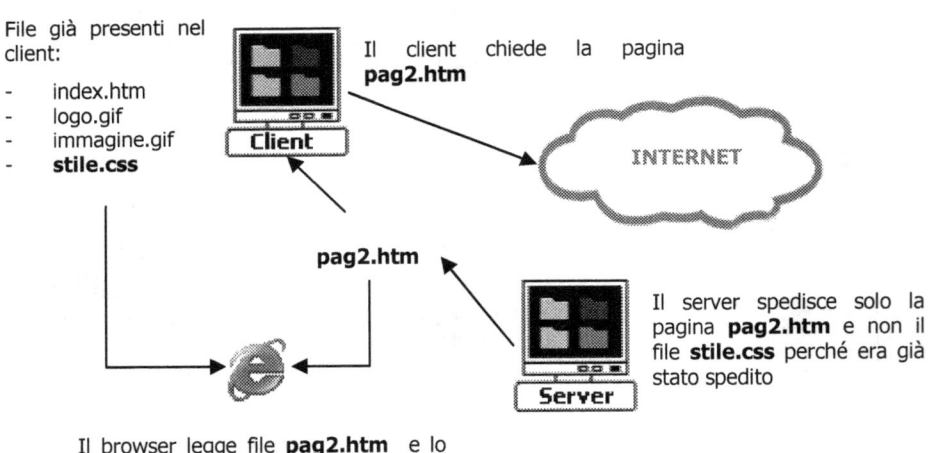

File già presenti nel client:

- index.htm
- logo.gif
- immagine.gif
- **stile.css**

Il client chiede la pagina **pag2.htm**

INTERNET

pag2.htm

Il server spedisce solo la pagina **pag2.htm** e non il file **stile.css** perché era già stato spedito

Il browser legge file **pag2.htm** e lo formatta con il foglio di stile **stile.css**

Inclusione del CSS esterno

La stringa per includere un foglio di stile in una pagina HTML da inserire nell'HEAD della pagina è

```
<link rel="stylesheet" type="text/css" href="nomefile.css">
```

Ecco l'esempio di una pagina HTML nella quale è incluso il CSS
stile.css

[pagina.htm]

```
<html>
    <head>
        <title> Titolo della pagina </title>
        <link rel="stylesheet" type="text/css" href="stile.css">

    </head>
    <body>
        <p>Questa è la mia prima pagina HTML formattata con un
        foglio di stile</p>
                <table>
                  <tr>
                    <td>contenuto della cella</td>
                  <tr>
                </table>
    </body>
</html>
```

[stile.css]

```
BODY {
color:white;
background:navy;
font-family:verdana;
}
P { font-size:10pt; }
TABLE{
border: 1px orange solid;
background:lightyellow;
width:100%;
color:navy;
}
```

Risultato ottenuto:

Esistono altri due modi di utilizzare i CSS, ma questi non
permettono di capire i vantaggi della separazione tra **contenuto** e
stile.

CSS in linea

I **CSS in linea** sono concettualmente simili alle formattazioni utilizzate con l'HTML, perché agiscono sui singoli elementi all'interno della pagina HTML. Non si utilizza quindi un foglio di stile esterno. Ogniqualvolta dobbiamo formattare il testo, invece di usare gli attributi HTML utilizziamo le specifiche CSS.

```
<html>
    <head>
        <title> Titolo della pagina </title>
    </head>
    <body>
        <p style="font-size:18px; font-family:arial; color:red">
        Paragrafo formattato con CSS in linea
        </p>
    </body>
</html>
```

CSS incorporati

I **CSS incorporati** sono invece simili a quelli esterni, ma non hanno bisogno di un file esterno. Se però si vuole modificare un selettore strutturale o una classe, bisognerà farlo in ciascuna pagina HTML.

```
<html>
   <head>
      <title> Titolo della pagina </title>
   <style type="text/css">
      TABLE { font-size:17px; font-family:verdana; color:green }
      .miaclasse { font-size:18px; font-family:arial; color:red }
   </style>
   </head>
   <body>
         <p      class="miaclasse">Paragrafo      formattato      con      CSS
incorporato</p>
   </body>
</html>
```

Ereditarietà

Per comprendere meglio come applicare le regole dei CSS ad una
pagina web, bisogna comprendere perfettamente come è
strutturata gerarchicamente la pagina. Non ci interessano in questo
caso i contenuti, ma la posizione dei differenti tags. Vedere la
struttura ad albero di una pagina HTML ci fa capire anche come
utilizzare correttamente l'indentazione.

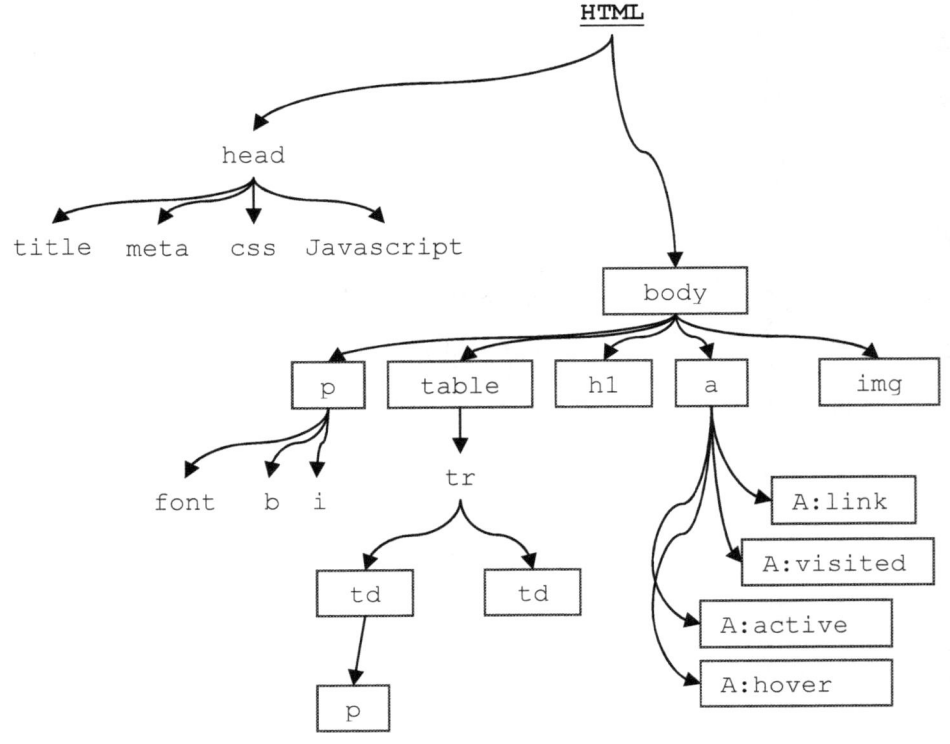

Come si può vedere una pagina HTML ha come fondamentale il tag **<html>** al quale è applicata la divisione tra **testa** (**<head>**) e **corpo** (**<body>**). Nel rapporto gerarchico i tag si chiamano rispettivamente *padre* (**parent**) e *figlio* (**child**): esempio **<p>** è *parent* di **<b>**, mentre **<b>** è *child* di **<p>**. Le proprietà sono ereditarie, quindi se determino un colore di carattere per il paragrafo (**<p>**), il contenuto all'interno del tag **<b>** avrà lo stesso colore. Naturalmente posso ridefinire le proprietà di ogni *figlio*, ma se non lo faccio vengono assunte quelle del *padre*[20].

---

[20] Il concetto di ereditarietà e stato presentato in sintesi, in realtà è molto più strutturato.

All'interno di **<head>** vengono fornite informazioni non visibili nel corpo del documento, ma a volte molto utili:

- **title** per fornire un titolo alla barra del titolo del browser
- **meta** per fornire informazioni al browser e ai motori di ricerca
- **css** è il collegamento al foglio CSS di cui dobbiamo servirci
- **javascript** sono piccoli programmi lato *client* (come per i menù animati)

All'interno del **<body>** invece troviamo il corpo del documento con il suo contenuto e le sue formattazioni. Grazie ai CSS non avremo più bisogno di dare dei valori agli attributi dei tags html, perché si potranno dichiarare direttamente dal foglio di stile.

Tags e attributi HTML **da dimenticare**[21]:

- font size, face, color [22]
- bgcolor (di tabelle, body ecc.)
- background (di tabelle, body ecc.)
- width, height (di tabelle, immagini ecc.)
- cellspacing, cellpadding, border (di tabelle)
- u

Utilizzeremo sempre all'interno delle pagine html (in particolare del corpo **body** del documento) i tags di enfatizzazione per **grassetto**, **corsivo**, e quelli per gestire il contenuto.

- **b o strong, i**
- **p, h1, h2, h3, h4, h5, h6**
- **table, tr, th, td**
- **ul, ol, li**
- **img**
- **a**

Per semplicità applicheremo le regole dei CSS solo ad **alcuni tags** strutturali dell'HTML (quelli bordati nell'immagine della gerarchia).

---

[21] In effetti già nelle specifiche HTML4 del W3C il tag font ed i suoi attributi sono stati fortemente svalutati per spingere all'utilizzo delle specifiche CSS.

[22] Queste indicazioni sono puramente *utilitaristiche*

- body, p, table, td, h1-h6, a, img

E' comunque possibile creare delle **classi** (vedi il paragrafo Classi) per ogni selettore. Le classi sono più elastiche quindi vengono altamente consigliate

Sintassi

Vediamo subito come sono costruite le regole (in inglese **rules**) nei CSS. Una **regola** è composta da due parti fondamentali:

- **selettore**
- **blocco delle dichiarazioni**

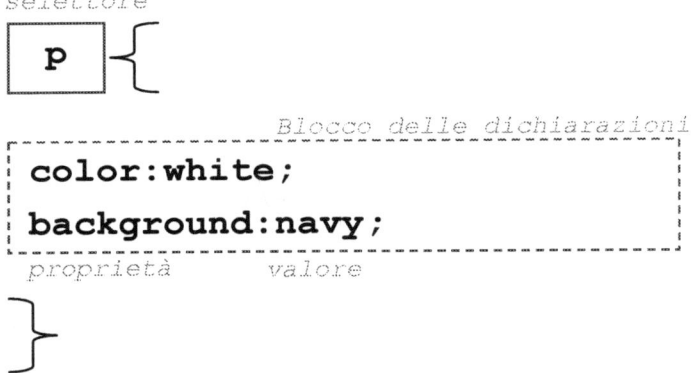

Il **selettore**, come indica il suo nome, seleziona un elemento del file html (in questo caso il tag **<p>**). Ciò significa che ogniqualvolta si scriverà all'interno dei tags **<p> </p>** il contenuto verrà formattato secondo le indicazioni del **blocco delle dichiarazioni**.

Il **blocco delle dichiarazioni** è inserito all'interno di due parentesi graffe. All'interno possono essere inserite più dichiarazioni che devono sempre terminare con un **punto e virgola**.

Una dichiarazione è composta da:

- **proprietà** (indica *cosa cambiare*)
- **valore** (determina *come cambiarlo.*)

Come si scrivono le parentesi graffe?

{ la parentesi graffa aperta con Shift+AltGr+[oppure Alt+123 dal tastierino numerico

} la parentesi graffa chiusa con Shift+AltGr+] oppure Alt+125 dal

Commenti

Per inserire dei commenti in un CSS bisogna inserirli tra:

- /* come segno di apertura
- */ come segno di chiusura

```
/* Quella che segue è una regola del paragrafo */
p {color:red;}
/*
un commento può anche essere
scritto su più righe
*/
```

Proprietà e attributi

{font-family}

Permette di specificare il **tipo di carattere**

VALORI

- **verdana**
- **arial**
- **helvetica**
- **comic sans**
- **courier new**
- **serif** (Times New Romans)
- **sans-serif** (Arial)
- **corsive** (Comic Sans MS)
- **fantasy** (Allegro BT)
- **monospace** (Courier)

Quelle indicate sono le famiglie generiche. In realtà potresti inserire qualsiasi tipo di font tu voglia, ma se poi visualizzi il tuo sito su un computer nel quale non è stato installato il font che hai scelto, questo sarà modificato con la famiglia più attinente[23].

---

[23] La standardizzazione è uno dei concetti fondamentali nella costruzione dei siti web. Se non standardizziamo il nostro sito (secondo alcune regole riconosciute dal

```
p { font-family:verdana; }
```

{font-size}

Permette di decidere la **dimensione del carattere**. Dichiarabili con i valori di dimensione.

VALORI

Le **unità di misura consigliabili** per il testo sono:

- per dimensioni **assolute**:
  - o punti (**pt**) – consigliabile per i formati destinati alla stampa
  - o pixel (**px**)
  - o parole chiave **xx-small**, **x-small**, **small**, **medium**, **large**, **x-large**, **xx-large**
- per dimensioni **relative** (ma non sempre compatibile):
  - o le parole chiave **smaller** e **larger**

```
p {font-size:10 px; }
table {font-size:x-small; }
td {font-size: smaller; }
```

Valori di dimesione

I valori di dimensione possono essere usati per determinare le dimensioni di carattere, tabella, cella, immagine, paragrafo[24]. I valori che possono essere attribuiti sono di due tipi: **assoluti** e **relativi**.

- **dimensioni assolute**
  - o parole chiave
    - **xx-small**
    - **x-small**
    - **small**
    - **medium**

- _____

W3C) correremo il rischio di pubblicare un sito che viene visualizzato sempre in maniera diversa.

[24] Le dimensioni assolute riguardano solo i contenuti all'interno dei marcatori

- **large**
- **x-large**
- **xx-large**
  o con le seguenti unità di misura:
    - pixel (**px**)
    - centimetri (**cm**)
    - millimetri (**mm**)
    - punti (**pt**)
    - picas (**pc**)
    - pollici (**in**)
    - x-height(**ex**).

- **dimensioni relative**
  o le parole chiave **smaller** e **larger**
  o unità di misura in **em** (em-height)
  o espressi in **percentuale**

Le unità di misura consigliabili sono[25]:

- parole chiave assolute (**small**, **medium**, **ecc**) → per i testi
- pixel (**px**) → per testi, tabelle, celle, margini, bordi, cellspacing, cellpadding
- punti (**pt**) → per i testi
- percentuale (**%**) → per tabelle e celle

```
table {width:100%; height:80px;}
```

{font-weight}

Permette di decidere il **peso del carattere**. Equivale più o meno al grassetto.

VALORI

Le **unità di misura** sono:

- **assolute**:
  o valori numerici (da **100 200 300 400 500 600 700 800 900**) in ordine crescente dal leggero al pesante

---

[25] Non voglio annoiare il lettore con i problemi di compatibilità delle diverse versioni dei browser, dovute ad una guerra senza esclusioni di colpi da parte delle società produttrici di browser.

- o **normal** valore di default (equivale a 400)
- o **bold** grassetto (equivale a 700)
- **relative**:
  - o **bolder** più pesante rispetto al testo dell'elemento parente
  - o **lighter** più leggero rispetto al testo dell'elemento parente

```
.titoloparagrafo {font-weight: bold; }
TD{font-weight: 300; }
```

{font-style}

Permette di decidere lo **stile del carattere**. Equivale più o meno al corsivo.

VALORI

Gli unici valori utilizzabili sono:

- o **normal** valore di default
- o **italic** testo in corsivo
- o **oblique** praticamente identico a *italic*

{font-variant}

Permette di decidere una **variante del testo**. Simile a maiuscoletto (dove le minuscole sono scritte in un masicuolo ritodotto: es. IL MIO PRIMO SITO WEB).

VALORI

I valori utilizzabili sono:

- o **normal** valore di **default**,
- o **small-caps** equivale al maiuscoletto.

```
.titoloparagrafo {font-variant: small-caps; }
```

{line-height}

Permette di decidere l'**interlinea del paragrafo** (cioè lo spazio fra le righe dello stesso paragrafo).

```
P {line-height: <valore>;}
```

VALORI

I valori utilizzabili sono:

- ○ **normal** valore di **default**, separa le righe in maniera da permetterne la leggibilità. Dovrebbe corrispondere a 1 o 1.2
- ○ **valore numerico** (**1.1 – 1.2** ecc.) la dimensione della riga è uguale alla dimensione del font moltiplicata per questo valore
- ○ **valore di dimensione** con unità di misura (**pt**, **px**, ecc)
- ○ **percentuale** (**%**) l'altezza della riga viene calcolata in percentuale rispetto all'altezza del font

concentrazione di proprietà

Le proprietà che si possono imporre agli elementi dell'HTML sono anch'esse gerarchiche. Questo ci permette di dichiarare i rami specifici di una famiglia, oppure di creare dichiarazioni globali della famiglia di proprietà.

Esempio della famiglia di **proprietà font**:

```
font-family:verdana;
font-size:10pt ;
```

Le stesse proprietà raggruppate in una sola dichiarazione:

```
font: 10pt verdana;
```

Il raggruppamento di dichiarazioni può essere utile anche nel caso in cui più selettori abbiano bisogno delle medesime dichiarazioni.

```
P{ font-family:verdana;}
TABLE{ font-family:verdana;}
TD{ font-family:verdana;}
```

si trasforma in

```
P,TABLE,TD{ font-family:verdana;}
```

 Bisogna comunque essere molto cauti con i raggruppamenti di proprietà, perché potrebbero creare problemi se il CSS non è costruito correttamente per quanto riguarda l'ereditarietà.

{font-color}

Permette di decidere il **colore del carattere**.

```
selettore {font-color: <valore>;}
```

VALORI

I valori utilizzabili sono:

- o **nomecolore** valori nominali
- o **#RRGGBB** valori esadecimali a coppie
- o **#RGB** valori esadecimali duplicati
- o **rgb (rrr%,ggg%,bbb%)** valori in percentuale
- o **rgb (rrr,ggg,bbb)** valori in numerico da 0 a 255

{color}

Se nella dichiarazione utilizzi solo la proprietà **color**, verrà modificato il **colore del carattere**.

```
selettore {color: <valore>;}
```

VALORI

Gli stessi di **font-color**

{background-color}

Nell'HTML, fin dai primordi, è stato possibile scegliere lo sfondo di pagine (**<body>**), tabelle (**<table>**) e celle (**<td>**). Con i CSS possiamo definire sfondi anche per tutti gli altri oggetti: paragrafi, caratteri, immagini, ecc. Esistono diverse proprietà applicabili al background, ma per stare in linea con le regole dell'usabilità di un sito ne presenterò solo due[26], la più importante risulta essere proprio **background-color**.

```
P {background-color: navy;}
```

VALORI

Gli stessi di **font-color**

{background-image}

Come sfondo può anche essere scelta una immagine, ma attenzione alla leggibilità e alla pesantezza del sito.

```
selettore {background-image: url(<valore>);}
```

VALORI

---

[26] In realtà esistono altre proprietà per il background, come **background-repeat**, **background-attachment**, **background-position** che però è meglio utilizzare quando si è acquisità una buona padronanza del linguaggio.

Il valore da utilizzare è l'**indirizzo assoluto** (**URL** significa *Uniform Resource Locator*) dell'immagine nel sito. Esempio:

```
TABLE {background-image: url(immagini/sfondo.jpg);}
```

URL vs URI
URL Uniform Resource Locator (a volte conosciuto come Unique Resource Locator). Sistema con il quale si specifica la collocazione delle risorse su Internet, una sorta di indirizzo elettronico che ha sempre la forma: http://www.nomesito.it (oppure estensione del luogo da cui il sito proviene (.ch, .uk, .fr, ecc.) o che riguarda le sue caratteristiche (.com, .org, .net, ecc.))
URI Uniform Resource Identifier. Sono stringhe di caratteri che identificano la posizione precisa di una risorsa disponibile su WWW. Comprendono gli URL, gli URN e gli URC. Il loro utilizzo principale consiste nel localizzare una pagina Web utilizzando gli URL.

{text-align}

Permette di **allineare il testo**.

```
P {text-align: justify;}
```

VALORI

I valori utilizzabili sono:

- **left** di *default* – testo allineato a sinistra
- **center** – testo centrato
- **right** – testo allineato a destra
- **justify** – testo giustificato

{text-decoration}

Permette di attribuire una particolare **decorazioni al testo** (es. sottolineato, barrato, *sopralineato*[27], ecc.).

```
A:hover {text-decoration: overline;}
```

VALORI

I valori utilizzabili sono:

- **none** elimina le decorazioni del testo (es. in un link elimina la sottolineatura)
- **underline** - testo sottolineato
- **overline** - testo "sopralineato"

---

[27] Manca nella lingua italiana la traduzione per il termine *overline*.

- line-through - testo barrato
- blink- testo lampeggiante (da evitare perché non sempre compatibile)

{margin}

I tre attributi di seguito sono riferiti a tutti gli **elementi contenitori**, come *tabelle, celle, body, ecc.*

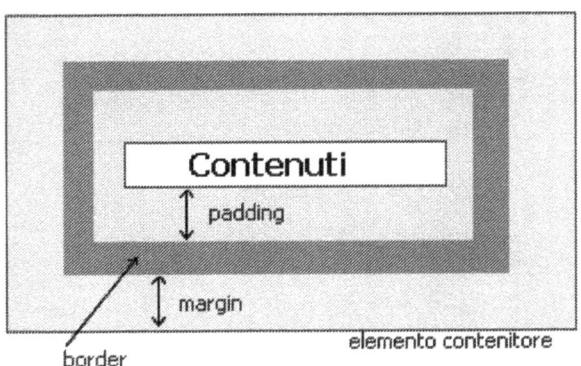

Permette di decidere le **dimensioni dei margini**. I margini sono 4 e possono essere unificati

```
selettore {margin: <superiore> <destro> <inferiore> <sinistro>;}
```
oppure specificati uno per uno

```
selettore {
margin-top: <valore>;
margin-right: <valore>;
margin-bottom: <valore>;
margin-left: <valore>;
}
```

VALORI

I valori utilizzabili sono:

- **valore di dimensione** con unità di misura (**pt, px, cm, mm, pc, in, ex**)
- **percentuale (%)** l'altezza della riga viene calcolata in percentuale rispetto all'altezza del font

{padding}

Permette di decidere la **distanza interna**. I padding sono 4 e possono essere unificati

```
selettore {padding: <superiore> <destro> <inferiore> <sinistro>;}
```
oppure specificati uno per uno

```
selettore {
padding-top: <valore>;
padding-right: <valore>;
```

```
padding-bottom: <valore>;
padding-left: <valore>;
}
```

I valori utilizzabili sono:

- o **valore numerico** con unità di misura (**pt, px, cm, mm, pc, in, ex**)
- o **percentuale** (**%**) l'altezza della riga viene calcolata in percentuale rispetto all'altezza del font

{border}

Permette di decidere le **proprietà dei bordi**.

- Colore
- Stile
- Spessore

```
selettore {border: <colore> <stile> <spessore>;}
```
BORDER-WIDTH

Permette di decidere lo **spessore del bordo**.
```
selettore {border-width: <valore>;}
```
oppure specificando il lato dove per **<lato>** si intendono:

- **top**
- **right**
- **bottom**
- **left**
```
selettore {border-<lato>-width: <valore>;}
```

VALORI

I valori utilizzabili sono:

- o **valore numerico** con unità di misura (**pt, px, cm, mm, pc, in, ex**)
- o **thin** – bordo sottile.
- o **medium**. – bordo di spessore medio.
- o **thick** – bordo di spessore largo

{border-color}

Permette di decidere il **colore del bordo**.
```
selettore {border-color: <valore>;}
```
oppure specificando il lato
```
selettore {border-<lato>-color: <valore>;}
```

VALORI

I valori utilizzabili sono quelli di **font-color**.

{border-style}

Permette di decidere lo **stile del bordo**.

```
selettore {border-style: <valore>;}
```

oppure specificando il lato

```
selettore {border-<lato>-style: <valore>;}
```

VALORI

I valori utilizzabili sono:

- **none** – nessun bordo, lo spessore equivale a 0
- **hidden** – come **none**
- **dotted** – bordo puntato
- **dashed** – bordo tratteggiato
- **solid** – bordo puntato
- **double** – bordo doppio
- **groove** – bordo incavo
- **ridge** – bordo sporgente
- **inset** – bordo *inset*
- **outset** – bordo *outset*

Concetti di colore

In informatica si usa la scala additiva del colore: la **scala RGB**.

RGB sta per Red (rosso), Green (verde) e Blue (blu).

Si tratta del modello di definizione e visualizzazione dei colori standard per il mondo informatico. Dato che il computer forma i colori di visualizzazione utilizzando **pixels** dei tre colori RGB, si possono ottenere i colori come sommatoria di parti di Rosso, Verde e Blu. Il sistema funziona quindi in **modalità additiva**[28]: aggiungendo i colori l'uno all'altro si ottengono milioni di altri colori diversi[29].

---

[28] Invece su carta, quando si stampa, si usa la scala sottrattiva (CMYK – Ciano Magenta Yellow blaK). Non è questa la sede, ma il rapporto tra le due scale è molto interessante.

[29] Il numero preciso è uguale a 16^6 colori proprio perché si usa un sistema esadecimale (cioè 16 cifre, da 0 a 15) in un insieme di 6 cifre (RRGGBB), quindi equivale a 16.7770.216 di colori.

Abbiamo detto che un colore equivale all'addizione di tre colori fondamentali: rosso, verde e blu. Immaginiamo di dare ad ogni colore un valore che va da 0 a 255[31], aumentando quindi in maniera crescente la gradazione di ogni colore.

Ciò significa che se aumento il dominio del rosso al massimo e lascio al minimo quello di verde e blu otterrò un rosso acceso.

Red rgb(255,0,0)

Mentre se voglio ottenere un colore derivato dovrò aggiungere una parte di colore. Esempi:

Orange rgb(255,165,0)   Olivedrab rgb(107,142,35)

Black rgb(0,0,0)   White rgb(255,255,255)

Gray rgb(128,128,128)

VALORI ESADECIMALI

Benché l'utilizzo dei valori numerici in scala decimale da 0 a 255 sia più comprensibile, si da la preferenza all'utilizzo delle stesse quantità, ma su scala esadecimale.

Cos'è la scala esadecimale?

Siamo abituati a contare in **base numerica decimale,** cioè con 10 cifre che vanno da 0 a 9. Forse questa base numerica è stata adottata dall'uomo perché affine alla nostra conformazione fisica: abbiamo dieci dita. Il computer, abbiamo visto spesso, utilizza una **base numerica binaria**, perché appunto più vicina alla struttura fisica[32] di un computer.

---

[30] La dizione corretta dovrebbe essere **valore numerici in base decimale,** ma per semplificare la memorizzazione si è scelto *valori numerici*.

[31] Ciò ci permette di avere 256 gradazioni per ogni colore

[32] Affine soprattutto agli stati fisici presenti in natura: acceso-spento, luce-buio, suono-silenzio,ecc.

Un byte è uguale a 8 bit. Per creare un colore con la scala RGB abbiamo bisogno di 3 byte, e la combinazione di questi 3 byte ci restituisce una tavolozza di circa 16 milioni di colori[33].

La base esadecimale è composta da 16 cifre e viene spesso usata nei linguaggi perché è più facile fare la trasformazione numerica **da base binaria a esadecimale**, invece che da base binaria a decimale.

```
0  1  2  3  4  5  6  7  8  9  A  B  C  D  E  F
```

La base esadecimale ci permette di risparmiare spazio nella programmazione, perché invece di scrivere il valore 255 utilizzando 3 cifre possiamo scrivere lo stesso valore in esadecimale, cioè FF, utilizzando solo due cifre.

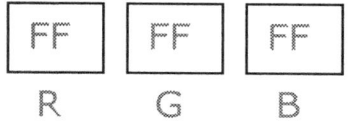

R   G   B

Nel creare il bianco risparmiamo 3 byte[34] di codice.
```
#FFFFFF
```
invece di
```
255,255,255
```

Per scrivere i colori usando la base esadecimale dobbiamo solo far precedere il simbolo cancelletto # dal numero esadecimale senza virgole e spazi. Ciò ci permette di risparmiare altro spazio. Esempio:
```
selettore {background-color: #FFFFFF;}
```
Si possono anche usare i valori nominali per identificare un colore (vedi **Tabella dei colori**). Esempio di una tabella comparativa:

Colore	Nominale	Esadecimale	Numerico

---

[33] In un byte possiamo avere 256 possibilità di combinazione del bit (da 0 a 255).

[34] In realtà con il CSS risparmiamo fino a 9 byte, perché scriviamo color:#FFFFFF invece di color:rgb(255,255,255)

Rosso	RED	#FF0000	255,0,0
Arancione	ORANGE	#FFA500	255,165,0
Grigio	GRAY	#BEBEBE	128,128,128

VALORI ESADECIMALI DUPLICATI

Funziona nello stesso modo della scala esadecimale, solo che usa una sola cifra per colore.

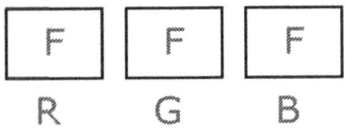

Esempio il bianco sarà:

```
#FFF
```

Il computer duplica le cifre per il colore interpretando il comando come:

```
#FFFFFF
```

Questo limita le combinazioni possibili. Il numero dei colori equivale a circa 4000[35].

VALORI PERCENTUALI

Un altro metodo è quello di usare il valore percentuale, dove il valore 255 oppure FF equivale a 100%

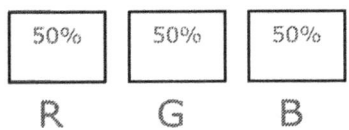

Esempio uno sfondo bianco sarà:

```
selettore {background-color: rgb(100%,100%,100%);}
```

---

[35] In realtà con sole tre cifre esadecimali abbiamo 16^3 combinazione, cioè 4096 colori.

Perdiamo in questo caso alcuni colori perché nelle percentuali non possono essere usate le cifre decimali (a destra della virgola).

Fino a qualche tempo fa gli standard per il web e la presenza di sistemi operativi diversi costringeva gli sviluppatori a utilizzare una **tavolozza sicura dei colori**[36] composta da 216. Attualmente la gran parte degli utenti della rete possiede macchine più potenti, quindi il problema è ormai inconsistente. È comunque buona norma rispettare le vecchie regole.

Selettori

I selettori sono molto importanti in un foglio di stile, tanto che molte pagine della specifica CSS2 sono proprio dedicate all'analisi delle loro proprietà. La regola viene applicata ad un selettore. Il **selettore**, appunto, seleziona un oggetto strutturale dell'HTML che deve essere formattata.

Noi utilizzeremo alcuni **selettori strutturali**[37] dell'HTML.

<body>

Il **selettore BODY** permette di modificare alcune caratteristiche del corpo del documento, come:

- colore o immagine di sfondo
- margini
- tipo, colore e dimensione di carattere

Ecco gli attributi da utilizzare.

```
BODY{
    margin:0px;
```

---

[36] Anche conosciuta come **web safety palette**

[37] È stato scelto di chiamare gli oggetti basilari dell'HTML, *selettori strutturali* o *naturali* per differenziarli dalle classi e per far meglio comprendere come l'azione avvenga sulla struttura. Qui vengono indicati solo quelli consigliati.

```
   background-color:navy;
   font-family:verdana;
   font-size:10pt;
   color:white;
}
```

<p>

Il **selettore P** permette di modificare le caratteristiche di un paragrafo, come:

- sfondo del paragrafo
- bordi
- tipo, colore e dimensione di carattere

Ecco gli attributi da utilizzare.

```
P{
   background-color:navy;
   font-family:verdana;
   font-size:10pt;
   color:navy;
   font-variant:normal;
   font-weight:normal;
   font-style:italic;
   line-height:1.5;
   border-bottom: 1px orange dashed;
}
```

<table>

Il **selettore TABLE** permette di modificare le caratteristiche delle tabelle.

```
TABLE{
   background-color:navy;
   font-family:verdana;
   font-size:10pt;
   color:navy;
   width:740px;
   height:100%;
   border: 1px orange solid;
}
```

<td>

Il **selettore TD** permette di modificare le caratteristiche delle celle.

```
TD{
   background-color:pink;
   font-family:verdana;
   font-size:10pt;
   color:navy;
   width:25%;
   height:20px;
   border: 1px orange solid;
```

```
}
```

<a>

Il **selettore A** permette di modificare le caratteristiche di tutti i link

```
A{ text-decoration:none;}
```

Si possono anche avere formattazioni all'interno di un elemento specifico. Se, per esempio, vogliamo che i link all'interno della tabella siano formattati in un certo modo (senza sottolineatura) bisognerà scrivere la regola:

```
TABLE A{ text-decoration:none;}
```

<a:link>

Il **selettore A:link** permette di modificare le caratteristiche di tutti i **link non ancora visitati** all'interno di un elemento.

```
A:link{ text-decoration:none;}
```

<a:visited>

Il **selettore A:visited** permette di modificare le caratteristiche di tutti i **link visitati.**

```
A:visited{ text-decoration:none;}
```

<a:active>

Il **selettore A:active** permette di modificare le caratteristiche di tutti i **link attivi** (cioè nell'istante in cui il mouse clicca sopra il link).

```
A:active{ text-decoration:overline;}
```

<a:hover>

Il **selettore A:hover** permette di modificare le caratteristiche di tutti i **link hover** (cioè nell'istante in cui il puntatore del mouse passa sopra il link).

```
A:hover{ text-decoration:overline;}
```

<img>

Il **selettore IMG** permette di modificare le caratteristiche delle immagini (es. bordi, margini, ecc). Bisogna però stare attenti a non modificare le dimensioni altrimenti si deforma l'immagine.

< h1 h2 h3 h4 h5 h6 >

I **selettori H1 H2 H3 H4 H5 H6** permettono di modificare le caratteristiche degli stili di titolazione. Da trattare come i paragrafi (**P**).

Classi

Se definisci i *selettori* naturali, allora ogni volta otterrai la formattazione impostata. Se, per esempio, inserisci due tabelle e hai formattato il selettore **<table>** con i *fogli di stile* tutte le tabelle avranno la stessa formattazione. Grazie alle classi invece i CSS ci permettono di sfruttare le loro potenzialità. Una classe è un **selettore chiave** che noi creiamo per formattare particolari parti del testo (es. titoli, sommari, menù, ecc.) .

La **classe** si riconosce perché è preceduta da un punto e non ha spazi o caratteri speciali al suo interno. **Il nome delle classi è di pura fantasia.**

```
.mianuovaclasse{
  background-color:navy;
  font-family:verdana;
  font-size:10pt;
  color:navy;
  font-variant:normal;
  font-weight:normal;
  font-style:italic;
  line-height:1.5;
  border-bottom: 1px orange dashed;
}
```

Codice del foglio di stile stile.css

Come si usa nel codice HTML?

Una volta creata la classe che ti interessa all'interno del foglio di stile, puoi richiamarla ogni volta che vuoi all'interno delle pagine HTML scrivendo il nome della classe nei tags strutturali. Esempio:

```
<html>
    <head>
        <title> Titolo della pagina </title>
        <link rel="stylesheet" type="text/css" href="stile.css">

    </head>
    <body>
        <p class="mianuovaclasse">
```

```
        Questa è la mia prima pagina HTML formattata con un foglio
di stile
        </p>
            <table>
              <tr>
                <td>contenuto della cella</td>
              <tr>
            </table>
    </body>
</html>
```

Codice della pagina web [pagina.htm]

Riepilogo dei tags

Inclusione del file CSS all'interno del file html (la stringa si scrive tra i tags **<head>** del file).

```
<link rel="stylesheet" type="text/css" href="nomefile.css">
```

Stringa

Una stringa in informatica è una sequenza di caratteri.

Selettori:

-       BODY (margin, background-color, padding)
-       TABLE (width, height, border, background-color, color)
-       TD (width, height, border, background-color, color)
-       P (color, border)
-       IMG (width, height, border)
-       A:link [caratteristiche del link. *Colore di default blu*]
-       A:visited [caratteristiche del link visitato. *Colore di default viola*]
-       A:active [caratteristiche del link attivo. *Colore di default rosso*]
-       A:hover [caratteristiche del link al passaggio del mouse. *Colore di default nessuno*]

Proprietà e valori

-       font-size (es. 1px, 1pt) [dimensione del carattere]
-       font-family (es. verdana, arial, ecc) [tipo di carattere]
-       font-variant (small-caps) [carattere maiuscoletto]
-       color (es. red,#ff0000) [colore del carattere]
-       background-color (es. red,#ff0000) [sfondo di pagina, tabella, cella, paragrafo]

- font-weight (normal,bold,bolder,lighter,100-900) [grassetto del carattere]
- font-style (italic, oblique) [corsivo del carattere]
- line-height (es. 1px, 1pt) [interlinea del paragrafo]
- text-align (left, right, justify, center) [allineamento del testo]
- text-decoration (none,underline,overline,line-through) [decorazioni del testo: nessuno, sottolineato, con linea sopra, barrato]
- border-color (es. red,#ff0000) [colore del bordo]
- border-style (none, dotted, dashed, solid, double, groove, ridge, inset, outset) [stile del bordo]
- border-width (es. 1px, thin, medium, thick) [dimensione del bordo]
- margin (es. 1px) [distanza tra i bordi e gli elementi adiacenti o esterni]
- padding (es. 1p) [distanza tra i bordi e gli elementi interni]
- width (es. 100px, 50%) [larghezza di un oggetto, tabella o immagine o paragrafo]
- height (es. 100px, 50%) [altezza di un oggetto, tabella o immagine o paragrafo]

Alcune proprietà, come border, padding e margin possono essere specificate. Esempio border-top, border-left per il bordo superiore e sinistro.

V PARTE:
PUBBLICAZIONE

Come si esce online?

Quando costruiamo un sito web con HTML, lo visualizziamo in locale grazie al browser. Il che significa che il nostro sito web **non è in rete**. Per attivarlo in Internet bisogna caricarlo su un server di rete connesso ad Internet e fornirgli un indirizzo univoco: **URL** (*Unique Resource Locator*).

Esistono differenti modi di usufruire di un server.

- avere uno **spazio hosting**
- avere un **server autonomo**
- avere un **server in housing**

La soluzione più veloce per chi inizia risulta essere quella dell'hosting.

Hosting

Grazie al servizio di hosting noi acquistiamo uno **spazio web**, con alcuni servizi e diverse caselle di posta elettronica presso una società specializzata (es. Aruba, 9netweb, Tiscali, ecc.). In pratica compriamo uno spazio su un hard disk remoto, che possiamo utilizzare per pubblicare le nostre pagine. Il servizio di hosting viene venduto di norma, ma può non essere la regola, assieme ad un **dominio** (es. www.miodominio.it) e risulta essere la soluzione più economica.

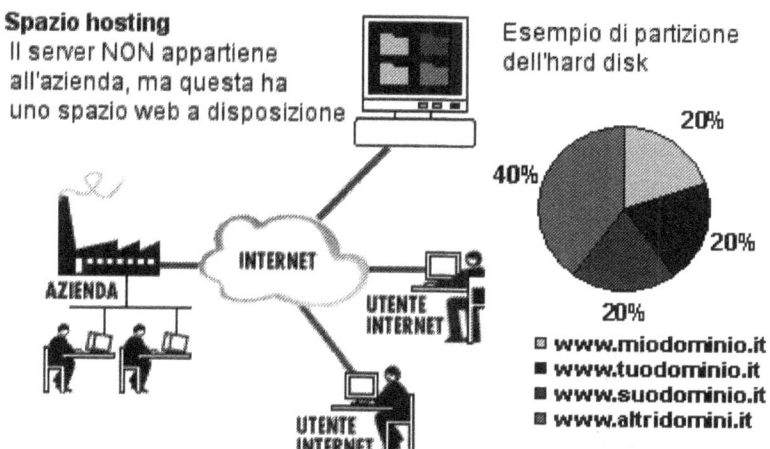

Spazio hosting
Il server NON appartiene all'azienda, ma questa ha uno spazio web a disposizione

Esempio di partizione dell'hard disk

- www.miodominio.it
- www.tuodominio.it
- www.suodominio.it
- www.altridomini.it

Free Hosting

Ormai molte società offrono gratuitamente uno spazio per pubblicare le pagine web, ma i servizi sono ridotti e nella maggior parte dei casi appare della pubblicità aggiuntiva alle nostre pagine.

Non inserire nel tuo Webspace dati sensibili[38], perché (anche se protetti) potrebbero essere rintracciati.

Esistono delle regole di pubblicazione, se non le rispetti il tuo spazio web sarà chiuso.

Leggi attentamente le **Condizioni d'utilizzo** del servizio.

Elenco servizi gratuiti:

- http://xoom.alice.it/
- http://webspace.tiscali.it/
- http://www.tripod.lycos.it/

---

[38] Definizione dati sensibili

Server in Housing

Avere un server autonomo in azienda può essere interessante se l'azienda ha internamente le capacità e le competenze di mantenimento. Una soluzione può essere però quella di acquistare un servizio di housing. Le problematiche sono simili al server autonomo, ma fisicamente il server viene **ospitato da una società specializzata** che si occupa della maggior parte degli aspetti relativi al mantenimento e alla sicurezza. Per i privati è sconsigliabile avere un server web a casa[39].

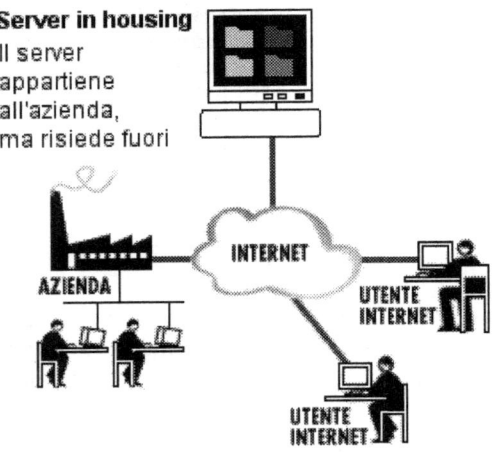

Server in housing
Il server
appartiene
all'azienda,
ma risiede fuori

---

[39] Naturalmente dipende dalle competenze. Ma questo testo non è destinato a persone con tali competenze.

VI PARTE:
RISORSE

Editors

Una volta imparato a scrivere il codice con **Blocco Note** potrà essere utile utilizzare qualche editor per HTML. Gli editor possono essere **WYSIWYG**, cioè visuali (*What You See Is What You Get*), oppure **testuali**

Editor testuali

La maggior parte dei programmatori preferisce usare degli editor testuali, perché generano un **codice più pulito** rispetto a quelli visuali. Si usano però *editor* speciali che aiutano a scrivere il codice grazie ai colori che vengono applicati ai tags e ai numeri delle righe.

Ecco un esempio (i tags hanno colori diversi rispetto al testo).

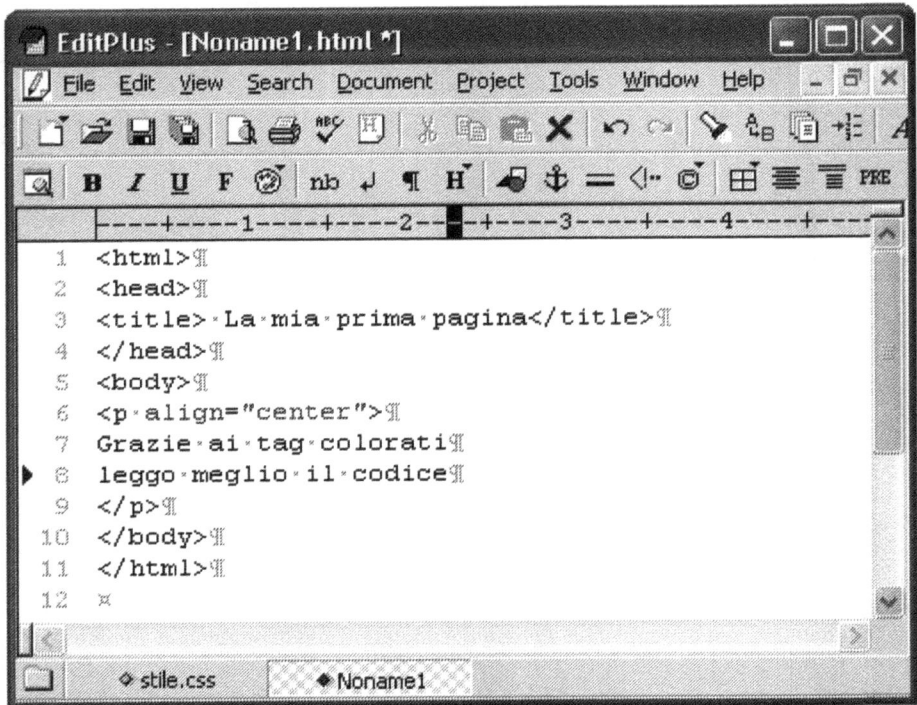

Esistono numerosi editor testuali. **Edit Plus** è molto diffuso anche per scrivere codici più complessi.

Software consigliato

Edit Plus
http://www.editplus.com/
Blocco Note (presente nelle installazioni Microsoft)

Editor visuali

Il vantaggio degli editor visuali è la loro facilità d'uso. Si usano più o meno come Microsoft Word, ma creano pagine con estensione HTML. Lo stesso Microsoft Word può creare pagine in HTML, ma non consiglio di utilizzarlo perché il suo codice è particolarmente sporco.

Gli editor WYSIWYG hanno comunque la possibilità di visualizzare anche un editor testuale. Quasi tutti hanno tre tipi di visualizzazioni:

- **Editor**: visualizza il codice
- **Normale**: visualizza la pagina in fase di costruzione
- **Anteprima**: visualizza la pagina nel browser predefinito

Ecco alcuni tipi

MS Front Page
http://www.microsoft.com/frontpage/
M. Dreamweaver 8
http://www.adobe.com/it/products/dreamweaver/
1st Page 2006
http://www.evrsoft.com/
CoffeeCup
http://www.coffeecup.com/

Grafica

La grafica è fondamentale per rendere piacevole un sito. Per iniziare non impazzire ad imparare un programma di grafica, potrai farlo in seguito. Utilizza invece le risorse in rete.

Siti con belle immagini (a pagamento e gratuite)

Corbis
http://www.corbis.com/

GettyImages
http://www.gettyimages.com/

JupiterImages
http://www.jupiterimages.com/

PhotoSpin
http://www.photospin.com/

Gif animate (spesso gratuite)

http://gifanimate.html.it/

http://www.webgif.com/

http://www.mrwebmaster.it/gif/

http://www.gifs.net/

http://www.gif.com/

Templates (per avere una idea di come fare un sito o utilizzare una grafica professionale)

http://www.mrwebmaster.it/webdesign/templates/

http://www.templatemonster.com/

http://www.creativeweb.it/download_gratis/siti_template.php

http://design.mvmnet.com/v2/

Web safe palette (216 colori)

http://en.wikipedia.org/wiki/Web_colors

Generatore di valori esadecimale per i colori

http://www.colorschemer.com/online.html

http://mediagods.com/tools/rgb2hex.html

http://www.colormatch.dk/

http://wellstyled.com/tools/colorscheme2/index.html

Programmi di grafica

Saper lavorare con la grafica non è facile e potrebbe essere argomento per un corso specifico. Però è necessario che si conoscano almeno i fondamenti grafici e un software per il fotoritocco. Anche qui la scelta è vasta, ma il programma con il miglior rapporto qualità-prezzo è probabilmente **Jasc Paint Shop Pro** (PSP), scaricabile per un periodo di prova dal sito:

http://www.jasc.com/

Uno dei programmi più famosi per il foto ritocco è **Adobe PhotoShop**.

http://www.adobe.com/products/photoshop/main.html

Un programma interessante e *completamente gratuito* è **Gimp**:

http://gimp.linux.it/www/

Se invece vuoi creare immagini animate puoi scegliere tra software per *gif animate* come

Adobe ImageReady

http://www.adobe.com/it/products/photoshop/

Gif animator

http://www.ulead.com/

Per le animazioni complesse esiste **Macromedia Flash**, ma si passa ad un altro mondo.

http://www.adobe.com/flash/

Manuali

In rete si trovano infiniti manuali su come creare i siti web, con consigli, suggerimenti e tanto altro. Ecco alcuni siti che potrebbero esserti utili in caso di dubbio.

http://www.html.it/

http://www.w3.org/MarkUp/

http://www.webmasterpoint.org

http://www.hotscripts.com

http://www.w3schools.com

http://www.manuali.it

http://www.manuali.net

Gif animate

I formati **gif 89a** supportano la **trasparenza**; sono molto leggeri perché utilizzano solo **256 colori** e relativamente facili da utilizzare. Il programma più famoso per creare Gif animate è **Gif Animator**:

Gif (87a - 89a)

Il GIF (Graphics Interchange Format) è un formato per immagini di tipo bitmap molto utilizzato nel World Wide Web, sia per immagini fisse che per le animazioni. "GIF" spesso è pronunciato dagli inglesi con la g dura, ma la pronuncia definita dai suoi creatori nella documentazione ufficiale è con la g dolce. La prima versione del GIF è denominata **87a**. Nel 1989, CompuServe diffuse una versione migliorata, denominata **89a**, che aggiunse il supporto per la trasparenza e le immagini multiple.

http://www.ulead.com/ga/trial.htm

PSP ha comunque un programma per l'animazione integrato nel suo pacchetto.

Se non vuoi perdere tempo ad imparare come creare immagini animate puoi utilizzare i numerosi siti web che regalano immagini già pronte

http://gifanimate.html.it/

Ecco un esempio di immagine animata scomposta in fotogrammi:

- **10 fotogrammi**
- ogni fotogramma **dura 10/100 di secondo**
- ripetizione o **loop infinito**

FTP

Mentre grazie ad un browser possiamo navigare nel web con il **protocollo HTTP** (*Hyper Text Transfer Protocol*), per poter inviare e scaricare file in un hard disk remoto dobbiamo utilizzare il **protocollo FTP** (*File Transfer Protocol*) ed un programma dedicato a questo protocollo.

Spesso anche i browser ci permettono di lavorare con l'FTP, ma è sempre meglio avere un programma specifico. In circolazione esistono diversi software, tra cui:

- **LeechFTP** http://www.leechftp.de (consigliato!)
- **FileZilla** http://filezilla.sourceforge.net/
- **CuteFTP** http://www.cuteftp.com
- **WS_FTP** http://www.ipswitch.com

Per poter utilizzare uno di questi software bisogna sempre configurare la connessione al server FTP. In generale le società che offrono servizi di hosting o housing forniscono anche le coordinate di configurazione del software. La connessione avviene tramite la **porta 21**. La cosa non è comunque complessa, servono solo tre informazioni fondamentali.

- **URL** del server FTP (es. www.miodominio.it)
- **username**
- **password**

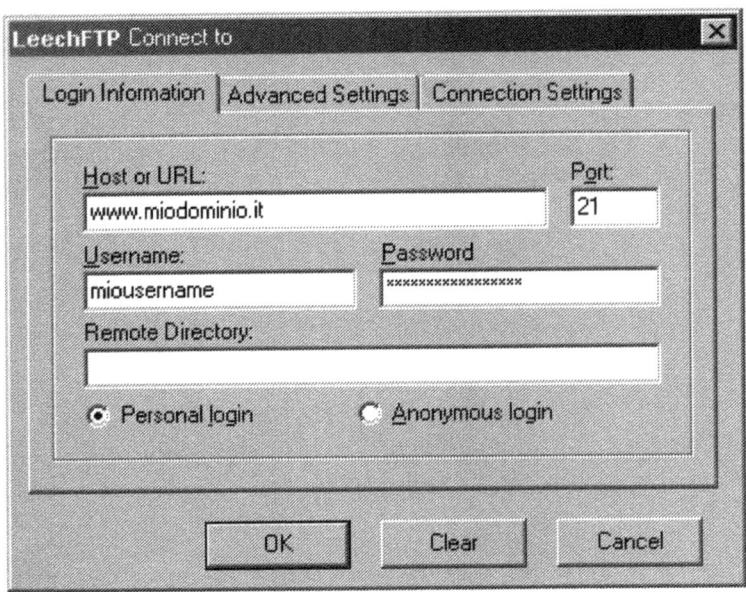

Una volta connessi vedrai 3 colonne:

- la prima colonna mostra le **attività di trasferimento**
- la seconda colonna mostra le **directories locali** (quelle sul proprio PC)
- la terza colonna mostra lo **spazio web remoto**

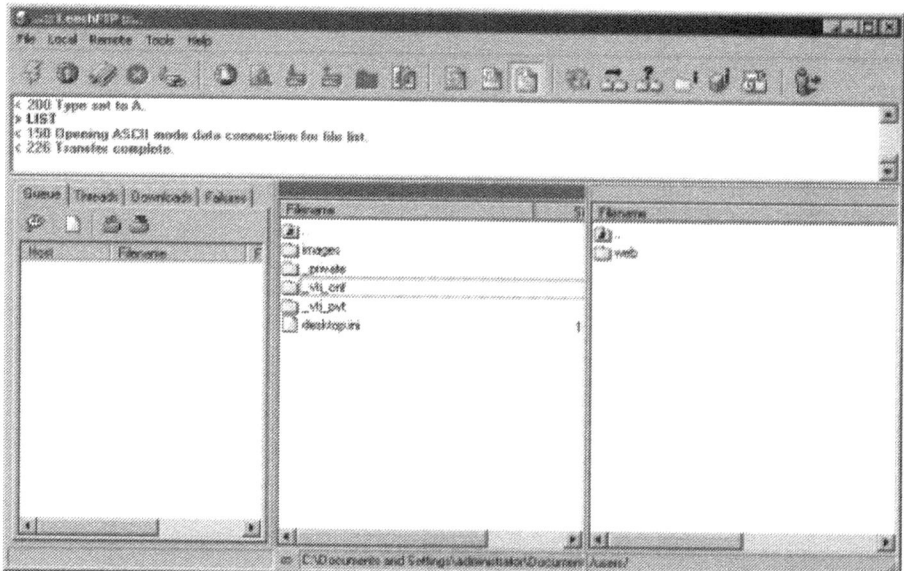

 Se stai utilizzando una rete didattica, probabilmente non sei autorizzato all'installazione di programmi. Puoi però installare un software per il trasferimento in FTP sul tuo computer personale.

Upload

Per trasferire i files in remoto (**Upload**) basta fare il **drag&drop** dalla directory locale alla directory remota. La colonna della directory remota non si aggiorna automaticamente. Per vedere le modifiche dovrai cliccare sul **pulsante di refresh**.

 drag&drop

In un'interfaccia grafica di un computer, il drag-and-drop è il cliccare su un oggetto virtuale (quale una finestra o un'icona) e trascinarlo (in inglese: *drag*) in un'altra posizione, dove viene rilasciato (in inglese: *drop*).

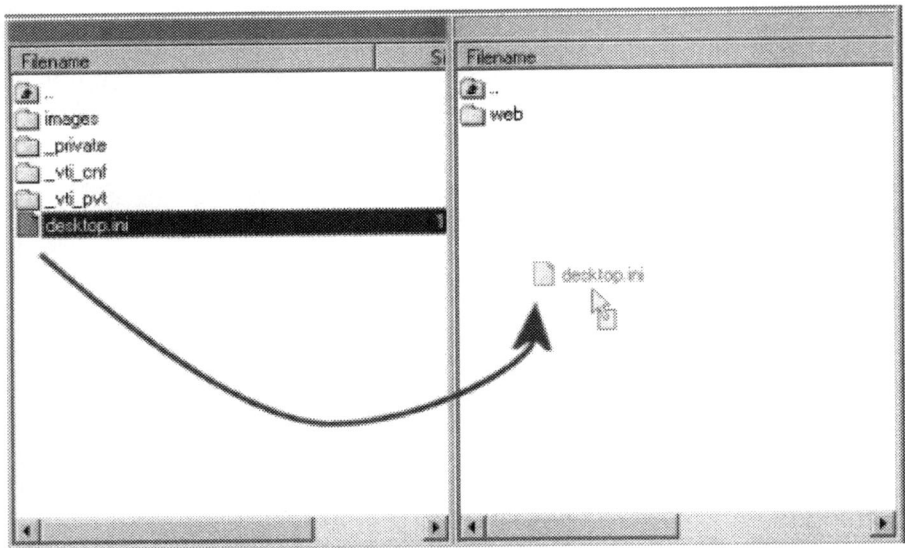

Download

Per scaricare i files dalla cartella remota (**Download**) basta fare il **drag&drop** dalla directory remota alla directory locale.

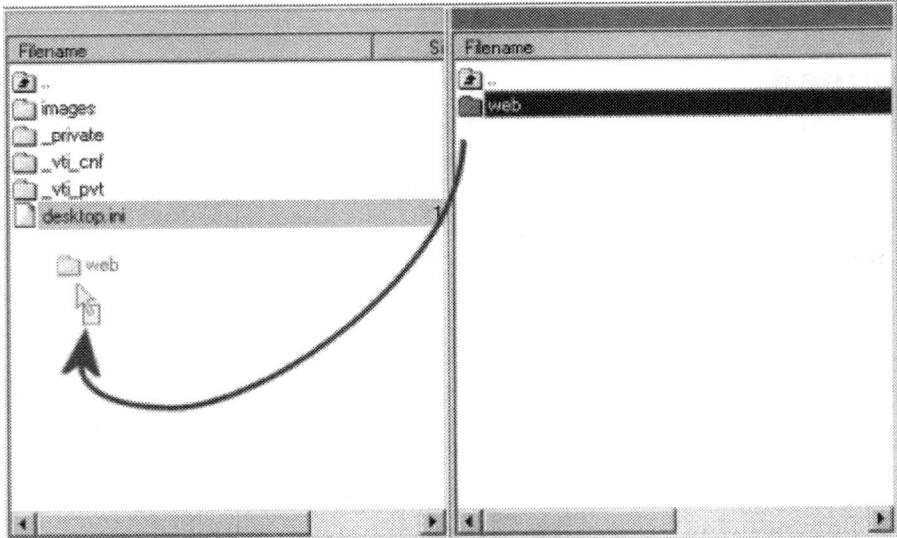

ALLEGATI

Note di stile

Per imparare a dare uno stile professionale al proprio sito ci vuole tempo ed esperienza. Come nella moda, gli stili del web cambiano con il tempo. Bisogna quindi sempre aggiornarsi e navigare molto. Quello però che si può fare da subito è evitare alcuni errori comuni:
- evitare di utilizzare un carattere scuro su uno sfondo scuro o viceversa un carattere chiaro su uno sfondo chiaro. Bisogna sempre fare in modo che ci sia un certo contrasto tra testo e sfondo.
- evitare di utilizzare immagini come sfondo. Rendono pesante la leggibilità delle informazioni
- evitare di utilizzare caratteri non leggibili
- evitare di utilizzare per il testo caratteri troppo grandi
- evitare di scrivere tutto in maiuscolo (equivale a urlare quando si parla)
- evitare di caricare troppe immagini animate, creando l'effetto Luna Park sul proprio sito.
- non chiedere una definizione dello schermo per vedere il tuo sito (del resto tu hai mai cambiato la definizione dello schermo per vedere un sito?)
- non usare finestre multiple nello stesso sito
- non usare i frames

Se non sai come associare i colori, puoi utilizzare alcuni siti che ti aiutano nella scelta[40].

Alcuni consigli:
- per il carattere dei testi Verdana 10px.
- per il colore di sfondo dei contenuti il bianco (prima di passare ad altri colori dovresti imparare bene a gestire i fogli di stile e ad associare correttamente i colori)
- COPIA DAI PIÙ BRAVI!

---

[40] Leggi l'articolo *I colori e il loro uso nel Web*
http://grafica.html.it/articoli/leggi/155/i-colori-e-il-loro-uso-nel-web/

FAQ

Quali immagini?

In un sito internet si possono inserire tre formati di immagine.

- GIF - Graphic Interchange Format
- JPG - Join Photographer Group
- PNG - Portable Network Graphic

Grossolanamente per una grafica semplice o per immagini animate si consiglia il formato GIF, mentre per le immagini JPG o PNG.

Posso avere pagine con lo sfondo di diverso colore?

Si, utilizzando per la formattazione del body le classi al posto del selettore strutturale. Si consiglia comunque di creare un sito con uno stile consistente, evitando di avere pagine di colore diverso.

Perché le classi sono scritte in minuscolo e i selettori strutturali in maiuscolo?

In realtà entrambe si possono scrivere sia in minuscolo che in maiuscolo. Il CSS infatti è un linguaggio case unsensitive. È comunque consigliabile scrivere sempre tutto in minuscolo, anche se per una miglior leggibilità del codice io preferisco scrivere:

- i selettori strutturali in maiuscolo

- le classi in minuscolo

Questo mi permette di riconoscere velocemente nel codice i vari elementi.

Ci sono differenze tra le estensioni .html e .htm?

Nessuna. Il più delle volte i server sono impostati per riconoscerli entrambi.

Perché una immagine del mio sito web, la vedo solo dal mio computer e non da altri?

Probabilmente c'è stato un errore nel tag **<img>**, dove al posto di dare un collegamento relativo (es. src="images/miaimmagine.jpg") hai dato un collegamento assoluto (es. src="c:/miaimmagine.jpg"). Quindi l'immagine sarà visibile solo dal tuo computer.

Perché se vado a capo nel file HTML, non si vede nel browser?

I browser non riconoscono il comando. Devi creare un nuovo paragrafo (**<p></p>**) oppure interrompere la riga manualmente (**
**).

Come faccio a scrivere i simboli < e > su un file html?

Con i codici < e >. Vedi *Caratteri speciali*.

Devo obbligatoriamente specificare le dimensioni di una immagine?

No, ma è consigliabile per velocizzare il caricamento. Ricordati di evitare di modificare le dimensioni dell'immagine da HTML.

Come faccio per proteggere il mio codice HTML?

Esistono dei sistemi in Javascript, ma in realtà sono del tutto fittizi. Chiunque abbia delle competenze può aggirarli con facilità. Se ne sconsiglia l'utilizzo. Quando pubblichi qualcosa sul web, questa diventa pubblica, quindi mettiti l'anima in pace e cerca di abbracciare la filosofia della condivisione.

Soluzioni degli esercizi

Esercizio 1

```
<html>
  <head>
    <title> Prima pagina </title>
  </head>
  <body>
      Buongiorno questa è la mia prima pagina
              <br>
              Pagina creata da Enrico Panai
  </body>
</html>
```

Esercizio 2 (all'interno del *body*)

```
<b>Buongiorno</b> questa è la mia prima pagina
        <br>
        Pagina creata da Enrico Panai
```

Esercizio 3

1. il testo appare sottolineato
2. il testo appare in corsivo
3. se scrivo in maiuscolo o minuscolo non ci sono differenze

Esercizio 4 (all'interno del *body*)

```
Questa è la <u>mia</u> <i>prima</i> <b>pagina</b>
  <br>
<font face='courier'>Testo scritto in <b><i>Courier</i></b></font>
  <br>
<font size='7' face='arial' color='red'>A</font>
<font size='7' face='arial' color='green'>r</font>
<font size='7' face='arial' color='blue'>i</font>
<font size='7' face='arial' color='maroon'>a</font>
<font size='7' face='arial' color='gray'>l</font>
```

Esercizio 5 (all'interno del *body*)

```
<p align="center">paragrafo allineato al centro</p>
```

Esercizio 6 (all'interno del *body*)

```
<h1 align="center">Il mio libro</h1>
   <h2>Capitolo 1</h2>
   Il primo capitolo descrive ....
       <h3>Paragrafo A</h3>
       Nel paragrafo A trattiamo
       dettagliatamente ....
       <h3>Paragrafo B</h3>
       Nel paragrafo B trattiamo
       dettagliatamente ....
   <h2>Capitolo 2</h2>
   Il secondo capitolo descrive ....
```

Esercizio 7 (all'interno del *body*)

```
<p align="justify">Questo lungo testo in Verdana è stato scritto per
permettere l'allineamento giustifica. Se il testo fosse troppo corto
non si vedrebbero gli effetti della giustificazione, quindi ho
scritto un testo lungo proprio per questo. Se il testo non dovesse
essere sufficiente per creare più righe sul tuo browser, prova a
copiarlo ed incollarlo più volte.</p>
<p align="right">Testo allineato a destra</p>
<p><font size="5" face="courier new">Testo grande in Courier
New</font></p>
<p align="center"><font size="1" face="Verdana">Testo piccolo
centrato in Verdana</font></p>
<p><font size="1" face="Verdana">Piccolo testo con &lt;br&gt; ...
&lt;u&gt; tranello :-)</font></p>
```

Esercizio 9

```
<a href="pagina2.htm">Vai a pagina 2</a>

<a href="pagina.htm"> Torna a pagina 1</a>
```

Esercizio 10

miolibro.htm; punti 1 e 2

```
<h1 align="center">Il mio libro</h1>
   <h2><a name="capitolo1">Capitolo 1</a></h2>
   Il primo capitolo descrive ....
       <h3><a name="paragrafo a">Paragrafo A</a></h3>
       Nel paragrafo A trattiamo
       dettagliatamente ....
       <h3><a name="paragrafo a">Paragrafo B</a></h3>
       Nel paragrafo B trattiamo
       dettagliatamente ....
   <h2><a name="capitolo2">Capitolo 2</a></h2>
   Il secondo capitolo descrive ....
```

Indice.htm; punti 3 e 4 (all'interno del body)

```
<p>Il mio libro (INDICE)</p>
   <br>
   <a href="miolibro.htm#capitolo1">Capitolo 1</a>
   <br>
     <a href="miolibro.htm#paragrafo a">Paragrafo A</a>
   <br>
     <a href="miolibro.htm#paragrafo a">Paragrafo B</a>
   <br>
   <a href="miolibro.htm#capitolo2">Capitolo 2</a>
```

Esercizio 11

indice.htm

```
<p>Il mio libro (INDICE)</p>
<ol>
  <li><a href="miolibro.htm#capitolo1">Capitolo 1</a></li>
    <ol>
      <li><a href="miolibro.htm#paragrafo a">Paragrafo A</a></li>
      <li><a href="miolibro.htm#paragrafo_a">Paragrafo B</a></li>
    </ol>
  <li><a href="miolibro.htm#capitolo2">Capitolo 2</a></li>
</ol>
```

Esercizio 12

```
<table border="1">
<tr>
<th>0</th><th>1</th> <th>2</th> <th>3</th> <th>4</th> <th>5</th>
</tr>
<tr>
<th>1</th><td>1</td><td>2</td><td>3</td><td>4</td><td>5</td>
</tr>
<tr>
<th>2</th><td>2</td><td>4</td><td>6</td><td>8</td><td>10</td>
</tr>
<tr>
<th>3</th><td>3</td><td>6</td><td>9</td><td>12</td><td>15</td>
</tr>
<tr>
<th>4</th><td>4</td><td>8</td><td>12</td><td>16</td><td>20</td>
</tr>
<tr>
<th>5</th><td>5</td><td>10</td><td>15</td><td>20</td><td>25</td>
</tr>
</table>
```

Elenco dei tags html

In questa tabella vengono sintetizzati i tags html necessari per costruire un sito web.

	Devi chiudere il tag?	Attributi [41]	Funziona senza attributi	
Tags di base della pagina				
\<html\>	✓	✗	✓	Hyper Text Markup Language [*linguaggio di marcatura per ipertesti*]
\<head\>	✓	✗	✓	[*testa*]
\<title\>	✓	✗	✓	[*titolo*]
\<meta\>	✓	✗	✓	[*informazioni per il browser*]
\<link\>	✓	✓	✗	[*collega documenti*] per esempio collega il foglio di stile con il codice \<link rel="stylesheet" type="text/css" href="url "\>
\<body\>	✓	✓	✓	[*corpo*]
- bgcolor				[*colore di sfondo*]
- background				[*immagine di sfondo*]
- link				[*per il colore dei link*]
- vlink				[*per il colore dei link visitati*]
- alink				[*per il colore dei link attivati*]
\<script\>	✓	✓	✓	[*per l'inclusione di Javascript*]
\<style\>	✓	✗	✓	[*per l'inclusione di CSS interni*
Tags di blocchi paragrafo				
\<p\>	✓	✓	✓	Paragraph [*paragrafo*]
- align				[*allineamento orizzontale*]
\<h1\>...\<h6\>	✓	✓	✓	Header [*stile del titolo*]
- align				[*allineamento orizzontale*]
\<blockquote\>	✓	✗	✓	[*indenta il testo nella pagina*]
\<address\>	✓	✗	✓	[*blocco di indirizzo*]

---

[41] Senza la definizione degli attribuiti, il tag non apporta alcuna modifica

Tag				Descrizione
<pre>	✓	✗	✓	[testo preformattato]

Tags in linea col testo (formattazione)

Tag				Descrizione
<b>	✓	✗	✓	Bold [grassetto]
<i>	✓	✗	✓	Italic [corsivo]
~~<font>~~	✓	✓	✗	[carattere] DEPRECATO
- color				[colore]
- face				[tipo di carattere]
- size				[dimensione del carattere]
<big>	✓	✗	✓	[testo più grande]
<small>	✓	✗	✓	[testo più piccolo]
<tt>	✓	✗	✓	Typewriter-text [macchina da scrivere]
~~<s>~~	✓	✗	✓	Strike [testo barrato] DEPRECATO
~~<strike>~~	✓	✗	✓	[testo barrato] DEPRECATO
~~<u>~~	✓	✗	✓	Underlined [sottolineato] DEPRECATO

Tags per immagini

Tag				Descrizione
<img>	✗	✓	✗	Image [immagine]
- src				Source [sorgente]
- width - height				[larghezza] - [altezza]
- border				[bordo]
- alt				[testo alternativo]

Tags in linea col testo

Tag				Descrizione
<q>	✓	✗	✓	Quote [citazione]
<code>	✓	✗	✓	[codice]
<dfn>	✓	✗	✓	Definition [codice specifico]
<samp>	✓	✗	✓	Sample [codice specifico]
<kbd>	✓	✗	✓	Keyboard [codice specifico]
<var>	✓	✗	✓	Variable [codice specifico]
<del>	✓	✗	✓	Deleted [testo calcellato]
<ins>	✓	✗	✓	Inserted [testo inserito]
<cite>	✓	✗	✓	[citazione con URL]
<em>	✓	✗	✓	[enfatizzazione]
<strong>	✓	✗	✓	[grassetto]

`<sub>`	✓	✗	✓	[*pedice*]
`<sup>`	✓	✓	✓	[*apice*]

Tags delle tabelle

`<table>`	✓	✓	✓	[*tabella*]
- align				[*allineamento orizzontale*]
- width - height				[*larghezza*] - [*altezza*]
- border				[*bordo*]
- bgcolor				[*colore di sfondo*]
- background				[*immagine di sfondo*]
- cellspacing				[*spazio tra le celle*]
- cellpadding				[*spazio tra i bordi*]
`<tr>`	✓	✗	✓	[*riga della tabella*]
`<th>`	✓	✓	✓	Table header [*titolazione tabella*] funziona come TD
`<td>`	✓	✓	✓	[*cella della tabella*]
- align				[*allineamento orizzontale*]
- valign				[*allineamento verticale*]
- colspan				[*unione celle su più colonne*]
- rowspan				[*unione celle su più righe*]
- width - height				[*larghezza*] - [*altezza*]
- bgcolor				[*colore di sfondo*]
- background				[*immagine di sfondo*]
`<colgroup>`	✓	✗	✓	Group of colons [*gruppo di colonne*]
`<caption>`	✓	✗	✓	[*titolo della tabella*]
`<thead>`	✓	✗	✓	Table header [*intestazione della tabella*]
`<tbody>`	✓	✗	✓	Table body [*corpo della tabella*]
`<tfoot>`	✓	✗	✓	Table footer [*base della tabella*]

Tags collegamenti

`<a>`	✓	✓	✓	[*link*]
- href				Hypertext reference [*indirizzo*]
- target				[*finestra di apertura*]
- name				[*segnalibro*] al posto di *href*

Tags per elenchi

Tag				Descrizione
<ul>	✓	✗	✓	Unordered list [*elenco puntato*]
<ol>	✓	✗	✓	Ordered list [*elenco numerato*]
<li>	✓	✗	✓	Item list [*elemento dell'elenco*]
<dl>	✓	✗	✓	Definition list [*elenco di definizioni*]
<dt>	✓	✗	✓	Definition term [*termine di definizione*]
<dd>	✓	✗	✓	Definition of definition [*definizione*]
~~<dir>~~	✓	✗	✓	Directory [*elenco di cartella*] DEPRECATO
~~<menu>~~	✓	✗	✓	Menu [*elenco di menù*] DEPRECATO

Tags contenitori e altro

Tag				Descrizione
<div>	✓	✓	✓	[*contenitore di stile a capo*]
<span>	✓	✓	✓	[*contenitore di stile*]
~~<center>~~	✓	✗	✓	[*paragrafo centrato*] Deprecato
<object>	✓	✗	✓	[*include un oggeto: es. Flash*]
<param>	✓	✗	✓	[*parametri di <object>*]
<embed>	✓	✗	✓	[*richiama plug-in*] NON UFFICIALE
<noembed>	✓	✗	✓	[*alternativa a <embed>*] NON UFFICIALE
<applet>	✓	✗	✓	[*include un'applet Java*] NON UFFICIALE

Tags vari

Tag				Descrizione
** **	✗	✗	✓	Break Row [*interruzione di riga*]
<hr>	✗	✗	✓	Horizontal Rule [*linea orizzontale*]
<!--...-->	✗	✗	✓	[*commenti*]
<map>	✓	✗	✓	[*mappa una immagine lato client*]
<area>	✓	✗	✓	[*specifica l'area di <map>*]
<blink>	✓	✗	✓	[*testo lampeggiante*] NON UFFICIALE
<marquee>	✓	✗	✓	[*testo scorrevole*] NON UFFICIALE

Tags per moduli
(da utilizzare con linguaggi di scripting server-side)

Tag				Descrizione
<form>	✓	✗	✓	[*contenitore del modulo*]
- name				[*nome dell'elemento*] da inserire all'interno di ogni elemento del form
<select>	✓	✗	✓	[*elenco a tendina*]
<option>	✓	✗	✓	[*voce del menù di <select>*]
<input>	✗	✗	✓	[*elemento del form*]
- type="checkbox"				[*casella di spunta*] scelta multipla

- type="radio"				[*casella di scelta*] scelta singola
- type="submit"				[*pulsante di invio*]
- type="image"				[*pulsante di invio con immagine*]
- type="reset"				[*pulsante: azzera i dati inseriti*]
- type="text"				[*casella di testo*]
<textarea>	✓	✗	✓	[*area di testo a riga multipla*]
Tags per i frame (sconsigliati)				
<frameset>	✓	✗	✓	[*delimita il frame*]
- set				[*crea la struttura dei frame*]
<frame>	✓	✗	✓	[*racchiude un singolo frame*]
<noframe>	✓	✗	✓	[*per browser che non supportano i Frames*]
<iframe>	✓	✗	✓	Inline frame[*racchiude un frame come se fosse un elemento della pagina html*]

Questa tabella è riepilogativa per principianti, non si deve considerarla esaustiva, ma indicativa dei tags utilizzati in HTML 4.0.1.

In questa tabella sono stati indicati alcuni dei tag che non sono presenti nel libro.

Alcuni dei tags a cui non vengono consigliati attributi in realtà potrebbero conterli.

I tags consigliati nell'html sono quelli in grassetto. Gli attributi dovrebbero essere definiti dai fogli di stile, ma alcuni (quelli in grassetto) si consiglia di utilizzarli nella pagine HTML per semplificare il lavoro.

Cosa studiare dopo

Una volta studiato l'HTML, bisogna passare alla sua versione più rigida XHTML.

Dovrai studiare i FORM, che permettono di inviare dati ad un sito. I form non sono stati introdotti, perché per poterli utilizzare efficientemente sarebbe necessario imparare un linguaggio lato server: cioè un linguaggio che renda dinamico il sito.

Il sito che puoi costruire con questo manuale è un sito *statico*, cioè i contenuti restano quelli che tu carichi. Per costruire un sito *dinamico*, devi imparare ad utilizzare uno dei seguenti linguaggi di *scripting* che funzionano lato *server*:

- PHP (consigliato perché attualmente il più diffuso)
- ASP
- JSP

E per strutturare i dati devi imparare a progettare un database:

- MySql (se usi il PHP)
- MSAccess (se usi ASP)
- ORACLE o MySql (se usi JSP)

Dovrai anche imparare a progettare e strutturare i contenuti, a migliorare la comunicazione e le potenzialità del tuo sito grazie alle seguenti discipline:

- Content management
- Web design
- Web marketing
- Usability
- Accessibility
- Web writing
- Security

Bibliografia e webografia

AAVV, *Introduzione alle tecnologie Web*, McGraw-Hill 2005

AAVV, Manuale del web. *Tecnologie, normative e management*, Franco Angeli 2005

AAVV, *PHP5, Apache e MySQL. Sviluppo di siti web*, Hoepli 2005

ADAIR KING Julie, *Easy Grafica Web*, Mondadori Informatica 2001

ALBERIGI QUARANTA Alessandro, SCIUTTO Nereo, *Gestire e valutare il sito web. Come controllare i costi e misurare i risultati di un investimento su Internet*, Il Sole 24 Ore Libri 2002

ANCESCHI Giovanni, BOTTA Massimi, GARITO M. Amata, *L' ambiente dell'apprendimento. Web design e processi cognitivi*, McGraw-Hill 2006

ANDREONI Giuseppe, COSTA Fiammetta, LANDONI Paolo, *Tecnologie informatiche e utenza debole. La progettazione ergonomica dei siti web e delle postazioni di lavoro per i disabili*, Il Sole 24 Ore Pirola 2002

BANDINI BUTI Luigi, COSENZA Giacomo, MASSARUTTO Lucia, *Ergonomia del web. Gli utenti, la rete, i contenuti, i siti e le pagine*, Il Sole 24 Ore Pirola 2002

BEAUMONT Andy, GIBBONS Dave, KERR Jody, STEPHENS Jon , *Menu per il web. Navigazione e usabilità del sito*, Hoepli 2002

BEAUMONT Andy, JAMES Jon, STEPHENS Jon, ULLMAN Chris, *Form per il web. Progettazione e usabilità del sito*, Hoepli 2002

BETTINELLI Elena, *L' Islam on line. La rappresentazione di credo e identità attraverso il Web*, Editoriale scientifica 2005

BIGGS John, *Black Hat. Crimini, misfatti e truffe sul Web*, Mondadori Informatica 2004

BOLTER Jay D., *Lo spazio dello scrivere. Computer, ipertesto e la ri-mediazione della stampa*, Vita e Pensiero 2002

BOULTON Mark, *L'importanza dello spazio bianco*, www.html.it

BOYLE Cailin, *Manuale di armonia cromatica per il Web*, Il Castello 2003

BRANCATI Luciano, TOMASONI Omar, *Applicazioni Web*, Tecniche Nuove 2003

BREMNER Lynn M., IASI Anthony F., SERVATI Al , *Intranet Bible*, Jamsa Pr

BRIGGS Owen, CHAMPEON Steven, COSTELLO Eric, PATTERSON Matt, *Cascading Style Sheet (CSS). Fogli di stile per il web*, Hoepli 2002

BRUNI Filippo, *Collettivo/connettivo. Interpretazioni del Web*, Morlacchi 2006

BUFFARDI Annalisa, *Web sociology. Il sapere nella rete*, Carocci 2006

BURIGANA Silvia, DE ROBERTIS Simona, *Web design*, Tecniche Nuove 2002

CADIOLI Alberto, *Il critico navigante. Saggio sull'ipertesto e la critica letteraria*, Marietti 1998

CAMAGNI Paolo, NIKOLASSY Riccardo, *PHP. Dall'HTML allo sviluppo di siti web dinamici.*, Hoepli 2005

CARBONE Paola, *Patchwork theory. Dalla letteratura postmoderna all'ipertesto*, Mimesis 2001

CARLINI Franco, *Lo stile del Web. Parole e immagini nella comunicazione di rete*, Einaudi 2006

CARLINI Franco, *Parole di carta e di web. Ecologia della comunicazione*, Einaudi 2004

CASALEGGIO Gianroberto, *Web ergo sum*, Sperling & Kupfer 2004

CASTRO Elizabeth, *Crea una pagina web con HTML*, Mondadori Informatica 2005

CASTRO Elizabeth, *Html for the World Wide Web with XHTML and CSS*, Peachpit Press 2003

CASTRO Elizabeth, *HTML, XHTML e CSS per il World Wide Web*, Tecniche Nuove 2007

CHIONETTI Massimo, CRAVERO Enrico, *Il Web come fattore di innovazione, marketing e comunicazione*, Giuffrè 2004

COLAZZO Salvatore, MANFREDA Ada, *Corso di formazione. Scrivere per il Web. Guida al percorso formativo*, Amaltea 2003

COLAZZO Salvatore, MANFREDA Ada,*Corso di Web-developer. Guida al percorso formativo*, Amaltea 2003

CONALLEN Jim, *Applicazioni Web con UML*, Pearson Education Italia 2003

CORTONI Ida, MINELLI Paola, *Tra link e nodi. Guida all'uso dell'ipertesto*, Carocci 2005

CREVOLA Andrea e GENA Cristina, *Web design. La progettazione centrata sull'utente*, CittàStudi 2006

CRINGELY Robert X., *Nerds 2.0.1*, www.pbs.org/opb/nerds2.0.1

CRISCIONE Antonino, *Web e storia contemporanea*, Carocci 2006

D'ALESSANDRO Paolo, DOMANIN Igino, *Filosofia dell'ipertesto. Esperienza di pensiero, scrittura elettronica, sperimentazione didattica*, Apogeo 2005

DE FALCO Stefano, *Misure per la qualificazione e la diagnostica di componenti e sistemi Web-based*, Liguori 2004

DE ROBERTIS Simona, *Grafica Web*, Tecniche Nuove 2002

DELLA MEA Vincenzo, DI GASPERO Luca, SCAGNETTO Ivan, *Programmazione web. Lato server*, Apogeo 2007

DELL'AQUILA Daniela, *Un sito su misura. Capire Internet come cliente. Manuale di sopravvivenza per proprietari di siti web*, Mammeonline 2006

DELL'UVA Lorenzo, D'ARPINO Giuseppe , *MyP@ge. Creare una pagina web è un gioco da bambini!*, Liguori 2002

Di LELLO Francesco, *Le pagine gialle della comunità scientifica. L'arte di aggiornarsi attraverso il web*, Lingo 2005

D'OTTAVI Alberto, *WEB 2.0. Le meraviglie del mondo che verrà*, Unwired Media 2006

FACCHINI Rossella, *I formati di compressione per le immagini*, www.html.it

FACCHINI Rossella, *Trovare le immagini giuste in rete*, www.html.it

FERRANDINA Antonio, *Web marketing*, FAG 2004

FIEVET Cyril, *Apple Pixar mania*, Mondadori Informatica 2005

FLORIS Giovanni, NANNI Filippo, PEDACCINI Pergentina, *Fatti chiari. Giornali, radio, web, talk show. Come si racconta la notizia*, Centro Doc. Giornalistica 2005

FOGLIO Antonio, *E-commerce e Web marketing. Strategie di Web marketing e tecniche di vendita in Internet*, Franco Angeli 2002

FRAZZETTO Giuseppe, *L'implosione postcontemporanea. L'arte nell'epoca del Web globale*, Città Aperta 2002

GALLI Francesco, NANNINI Monica, *Web Design in Italy 01*, Happy Books 2004

GAMBARO Cristina, TIMOSSI Luisa, *Presentarsi nel Web*, ECIG 2005

GERMANO Enrico M., *Mettere mano a un sito Web*, Morlacchi 2006

GILLIES James, CAILLAU Robert, *Com'è nato il Web*, Baldini Castoldi Dalai 2002

GILMONT Jean-François, *Dal manoscritto all'ipertesto. Introduzione alla storia del libro e della lettura*, Edumond Le Monnier 2006

GIOVAGNOLI Max, *Scrivere il web*, Audino 2002

GIOVAGNOLI Max, VENEGONI Amelia , *Web writing*, Tecniche Nuove 2003

GNOLI Claudio, MARINO Vittorio, ROSATI Luca, *Organizzare la conoscenza. Dalle biblioteche all'architettura dell'informazione per il Web*, Tecniche Nuove 2006

GRAHAM Ian S., The HTML Sourcebook, John Wiley and Sons 2000

GRASSO Mario, *Scrivere per il Web. Annotazioni, considerazioni e suggestioni per quanti intendono conoscere la scrittura on line*, Franco Angeli 2005

HAGEN Graf, *Creare siti web con Joomla!*, McGraw-Hill 2007

HARTMAN Geoffrey H., MILLER J. Hillis, WAUGH Patricia, *Cultura, scienza, ipertesto*, Longo Angelo 1997

HOGG M. Nanette, *Designing instructional materials for teaching HTML to create Web page tables: Applying cognitive load theory*, University of Nebraska – Lincoln 2004

HUBERMAN Bernardo A., *Le leggi del Web. Elementi strutturali dell'ecosistema dell'informazione*, Il Sole 24 Ore Libri 2003

KARLINS David, *Costruire un sito web*, McGraw-Hill 2003

KRUG Steve, *Don't make me think. Un approccio di buon senso all'usabilità del web*, Tecniche Nuove 2006

L. TOSCHI, a cura di, *Il linguaggio dei nuovi media*, ed. Apogeo, 2001

LANA Maurizio, *Il testo nel computer. Dal web all'analisi dei testi*, Bollati Boringhieri 2004

LANDOW George P., *Ipertesto. Il futuro della scrittura*, Baskerville 1993

LANDOW George P., *L' ipertesto. Nuove tecnologie e critica letteraria*, Mondadori Bruno1998

LAURITA Renato, *Minori in rete. Come proteggerli dai pericoli del Web*, Mondadori Informatica 2004

LINDERMAN Matthew, FRIED Jason, *Defensive Design per il Web. Come migliorare messaggi di errore, help, form e altri punti critici di un sito*, Tecniche Nuove 2004

LUCCHINI Alessandro, a cura di, *Content management* Apogeo 2002.

LUGHI Giulio, *Parole on line. Dall'ipertesto all'editoria multimediale*, Guerini e Associati 2001

MacRAE Kyle, *Costruisci il tuo sito Web. Una guida passo per passo per creare pagine internet e blog*, Mondadori 2006

MARANGONI Roberto, CUCCA Alessandro, *Motori di ricerca. Come cercare e farsi trovare sul Web*, Hoepli 2004

MARCACCI Flavia, *Prendere confidenza con il Web. Navigare, modificare, creare con FrontPage. Un percorso guidato*, Morlacchi 2002

MARI Alberto, *Web Publishing Blog e Wiki*, Apogeo 2004

MAZZONI Elvis, *Dallo sviluppo degli artefatti Web all'evolversi delle attività umane. I processi del cambiamento*, Morlacchi 2006

McDONALD Nico, *Introduzione al Web design*, Logos 2003

MILLHOLLON Mary, CASTRINA Jeff, *Creare pagine Web*, Mondadori Informatica 2003

MOSCHOVITIS Christos, POOLE Hilary, Schuyler Tami, Senft Theresa, *History of the Internet*, www.historyoftheinternet.com

MYER Thomas, *Sviluppo Web con XML e PHP*, Mondadori Informatica 2006

NAKANO Russell , *Web content management. Un approccio collaborativi*, Pearson Education Italia 2003

NIELSEN Jakob, LORANGER Hoa, *Web usability 2.0. L'usabilità che conta*, Apogeo 2006

NIELSEN Jakob, TAHIE Marie, *Homepage usability. 50 siti Web analizzati*, Apogeo 2002

NIKOLASSY Riccardo, *HTML, CSS, XML. Creazione di pagine web.*, Hoepli 2006

ORLETTI Franco, a cura di, *Scrittura e nuovi media. Dalle conversazioni in rete alla Web usabilità*, Carocci 2004

ORTOLANI Cristina, *Wikipedia. L'enciclopedia sul Web*, Ialweb 2007

PAGNONCELLI Lucio, *I siti web delle scuole*, Anicia 2005

PANINI Allegra, *Il mio computer 2. Scrivere, disegnare, creare grafici, pubblicare sul Web*, Mondatori 2004

PAOLINI Paolo, MAINETTI Luca, BOLCHINI Davide, *Progettare siti web e applicazioni mobili. Con minisito*, McGraw-Hill 2006

PILGRIM Mark History of the tilde, http://diveintomark.org/archives/2002/10/04/history_of_the_tilde

POLILLO Roberto, *Il check-up dei siti Web*, Apogeo 2004

POLILLO Roberto, *Plasmare il web. Road map per siti di qualità*, Apogeo 2006

POSTAI Sofia, *Il mestiere del Web. Manuale di sopravvivenza per web designer e committenti*, Tecniche Nuove 2003

POSTAI Sofia, *Siti che funzionano 2.0. Quando web design non significa disegni su web*, Tecniche Nuove 2004

POSTAI Sofia, *Web design in pratica. Navigazione, interazione, usabilità*, Tecniche Nuove 2006

PRATI Giuliano, *Web 2.0. Internet è cambiato*, UNI Service 2007

PRAVETTONI Gabriella , *Web psychology*, Guerini e Associati 2002

R. NAKANO, *Web content management. Un approccio collaborativo* Ed. Pearson Education Italia - 2003

RATSCHILLER Tobias, GERKEN Till, *PHP 4.0. Applicazioni Web*, Pearson Education Italia 2002

ROBINSON David , *Web design svelato. Tecniche e casi reali*, Tecniche Nuove 2002

ROMAGNOLI Andrea, SALERNO Pasquale, GUIDI Andrea, *Ajax per applicazioni web*, Apogeo 2007

SAFIRE William, *On Language*, The New York Times, June 30, 1991 [http://groups.google.com/group/alt.folklore.computers/msg/f3c6aab4a6376a7c]

SALIMBENE Alessandra, *Web editing*, Hoepli 2005

SALINA BORELLO Rosalma, *Testo, intertesto, ipertesto. Proposte teoriche e percorsi di lettura*, Bulzoni 1996

SANTONOCITO Rosanna, *Web careers. Il mercato, le professioni, i profili Microsoft*, EGEA 2002

SHEA Dave,HOLZSCHLAG Molly E., Lo zen e l'arte del Web con il CSS, Mondadori Informatica 2005

SHORT Scott, *Creare XML Web Services*, Mondadori Informatica 2002

TANSLEY David, *Pagine web dinamiche. Con PHP e MySQL.*, Pearson Education Italia 2002

TASSO Carlo, OMERO Paolo, *La personalizzazione dei contenuti Web. E-commerce, i-access, e-government*, Franco Angeli 2002

TOMLINSON Ray, Account of the first email, http://openmap.bbn.com/~tomlinso/ray/firstemailframe.html

TOMLINSON Ray, Frequently made mistakes, http://openmap.bbn.com/~tomlinso/ray/mistakes.html

VACCHI Samuele, CIVATI Giovanni, *3D per il web*, Tecniche Nuove 2003

Van OSSENBRUGGEN Jacco, HARDMAN Lynda, RUTLEDGE Lloyd, ELIËNS Anton, *Style sheet support for hypermedia documents*, Conference on Hypertext and Hypermedia UK 1997

VISCIOLA Michele , *Usabilità dei siti web. Curare l'esperienza d'uso in internet*, Apogeo 2006

VISCONTI Grazia, *Giornalista online. Dal web writer al web editor*, Franco Angeli 2002

VITTORI Rudi, *Web strategy. Ripensare il futuro della propria azienda in funzione dei nuovi strumenti di comunicazione*, Franco Angeli 2004

WANDSCHNEIDER Mark, *Sviluppare applicazioni web con PHP e MySQL.*, Apogeo 2006

Weinberger David, *Arcipelago web*, Sperling & Kupfer 2002

WILLIAMS Hugh E., LANE David, *Applicazioni Web database con PHP e MySQL*, Tecniche Nuove 2005

WOODS Donald R. e LYON James M., *INTERCAL Programming Language Revised Reference Manual*, 1973 [http://www.muppetlabs.com/~breadbox/intercal-man/]

ZAKON H Robert, Hobbes' Internet Timeline v8.2, www.zakon.org/robert/internet/timeline

ZELDMAN Jeffrey, *Progettare siti Web standard. Tecniche per il design con XHTML e CSS*, Pearson Education Italia 2007

Indice